共绘成长地图

家校共育建构小学职业意识启蒙课程的行动研究

上海市建青实验学校小学部 编

中国出版集团

东方出版中心

图书在版编目(CIP)数据

共绘成长地图：家校共育建构小学职业意识启蒙课程的行动研究 / 上海市建青实验学校小学部编；颜洁主编. — 上海：东方出版中心，2019.8
ISBN 978-7-5473-1516-3

Ⅰ.①共… Ⅱ.①上… ②颜… Ⅲ.①职业选择—教学研究—小学 Ⅳ.①G623.92

中国版本图书馆CIP数据核字（2019）第154476号

共绘成长地图
家校共育建构小学职业意识启蒙课程的行动研究

出版发行：东方出版中心
地　　址：上海市仙霞路345号
电　　话：（021）62417400
邮政编码：200336
印　　刷：上海盛通时代印刷有限公司
开　　本：710mm×1000mm　1/16
字　　数：161千字
印　　张：15
版　　次：2019年8月第1版第1次印刷
ISBN 978-7-5473-1516-3
定　　价：48.00元

编 委 会

前　言

　　以"优化课程、减负增效、快乐成长"为初衷的"快乐拓展日"在上海市建青实验学校落地，从最初只用以拓展孩子兴趣，发展到探索家校共育"家长进课堂"的模式，再到设定"根与芽"、金融财商、安全教育等一系列课程内容，职业启蒙的教学理念已然融入日常教学之中，并逐渐明确为快乐拓展课程体系的目标。

　　拓展课程旨在针对不同年级的孩子，围绕各个主题、结合课程设计进行职业启蒙，引导孩子认识到自己的兴趣、专长、特点和能力等。课程还引入了各种社会实践、职业体验，促使孩子从小思考自己将来的发展方向。

　　不仅如此，职业启蒙的教学理念还延伸到了语文、数学、英语、品德与社会、劳动技术等科目的日常授课中，甚至班级的日常管理中。教师将课本中的知识点与职业启蒙相关联，让孩子在体验不一样的课程的同时更有效地掌握知识点。

　　本校自小学一年级就开始实施职业启蒙教育，教育过程中实现了学校、教育伙伴、社会资源和孩子"四位一体"，参与其中的每一方都在课程推进中收获满满，老师、家长和孩子都有所感悟。本书将系统展现职业启蒙课程的设计、实施过程和收获成果，并收录了部分教师、家长和孩子的感受和体会，以期对小学阶段的职业意识启蒙教育提供生动的案例和参考。

编委会

2019 年 3 月

序
职业启蒙让孩子预见未来

当前，中国的教育改革正在稳步推进，各地围绕发展素质教育推出了一系列改革举措，也取得了一定成效，教育改革迈入了新阶段。同时，作为一线教育工作者，我们也看到在基础教育领域，一定程度上存在学生的学业负担从学校转移到家庭与校外的情况，这似乎预示着教改的老路子遇到了挑战，需要探索新的教育发展之路。

什么是好的教育？什么是好的教学？什么是好的老师？原有的看似简单明了的答案，在知识爆炸、全球化、智能化的新时代，日益受到挑战。比如经济合作与发展组织就特别强调师生的学校生活体验、师生关系等"气氛"因素的重要性。学习成绩、兴趣特长等硬件条件之外的教育"软质量"日益受到重视。

为了回答时代对教育的拷问，地处经济、信息、人才高地上海的建青实验学校作出了积极的回应，即通过校本化职业启蒙教育，为小学教育注入一股通往未来的推动力，并借此联结学业与生活、知识与实践、家庭与社会，从而构建一个丰富、和谐、有活力、可持续的教育生态。经过探索，建青实验学校小学部的职业启蒙教育形成了以下特色。

职业启蒙核心课程发挥了引领和统整作用。教育的目标多元，内容复杂多样，这些目标与内容协调、统整如何，制约着教育的整体成效。建青实验学校小学部构建了做事、做人、做自己的三维度发展目标，通过小组主题探究项目，联结了知识与实践、学习与成长、他人与社会，并将课程进一步融入学科教学、德育工作、拓展活动之中，从而使整个学校的教育成为一个充实、立体、有活力的有机体。正如一位老师所说，职业启蒙教育让我们的视角回归教育的原点，教学有了线索，在以后的备课、教学、学生指导工作中能更好地发现学生、关注学生、指导学生，让他们成长为最好的自己。

职业启蒙渗透于学科教学中，更好地达成了育人的效果。小学的教学工作、班级管理工作、德育工作以及各项日常事务头绪繁多。能否协调、结合好这些工作，不仅关系到减轻师生的工作和学习负担，也直接影响着教师工作的质量。建青实验学校小学部通过有效结合职业启蒙与其他教学和日常工作，达到了既减轻师生负担又提升教学效果的融合效应。比如班会课渗透职业启蒙的主题，让班会课更丰富有趣，提升了孩子的参与度，教学效果也更好。在语文课中加入了职业启蒙理念，作品、作者就活起来了，给孩子留下了更深刻的印象。

拓展课满足了孩子们个性化发展的需要。建青实验学校小学部的特色之一就是不仅文化课上得好，而且拓展课也丰富多彩、别开生面，如科学实验、体育拓展、手工、音乐、美术、读书会等，不仅丰富了教育内容，也为孩子们提供了大量发现、发挥、发展的机会，满足了他们多种多样的个性化需要。通过这些个性化的拓展课程，引导孩子们开启了对专业领域的了解与探索，也提供了他们自我发现与成长的舞台。

家校共育课堂建设了从学校到社会、从学习到生活的拓展之路。建青实验学校小学部可爱的家长们对学校抱有高度的认同感，对家校共育课堂怀有饱满的参与热情，50%以上的家长以各种形式参与建设了家长课堂。他们为每个年级开设了系列拓展课，长年累月一遍一遍地设计和实施主题活动课程。这些选题的意义、内容专业度、活动形式的设计水平都是难能可贵的。他们倾注了大量的心血，引领孩子们将视野与胸怀从当前的学业投向未来的专业学习与职业生活，从书本和课堂走进丰富多彩的社会生活。

小组项目探究促成了教师、家长与孩子的共同成长。在建青实验学校小学部的教改实践中，无论是课堂上的学习探索，还是主题班会和课外活动，无论是教师的协同备课与研讨，还是家校共建拓展课项目，都尝试通过充分的团队交流与合作，践行创新学习与实践。在这个过程中，教师、家长与孩子不仅体验到学习与工作成就感，收获了友谊，也促进了自我成长的动力。这样，教师、家长与孩子之间构成了一个携手持续发展的共同体。不少学者认为，这类新型工作项目，不仅是未来教育培养学生的有效形式，也是推动教师专业发展的有效途径。

总之，建青实验学校小学部通过职业启蒙教育，基本形成了以和谐发展目标为导向，以家校合力为基本途径，以主题项目探究课为基本形式，各科课程适当融合、空间开放、面向未来的校本教育模式，既值得兄弟学校借鉴，也有未来发展前景。

编委会

2019 年 3 月

目　录

第一章
总论：职业启蒙教育的理念与方法

第一节 缘起：寻找减负与
孩子成长的秘诀

一、成绩压力与学习增量的限度

尽管教育主管部门推行素质教育改革已经持续多年，但很多家长仍然看重孩子的考试成绩以及升入所谓重点学校的比例。而为了提高孩子的成绩，不少学校的典型做法是增加作业量和考试频率，家长也争先恐后地送孩子参加各种补习班。这种做法对于提高考试成绩虽然有一定的效果，但是其负面影响也是不可忽视的，不少孩子出现近视、体质下降等健康问题，学习兴趣下降，好奇心和生命活力受到了一定程度的压制。

二、发挥孩子的潜能和主观能动性

一方面我们注意到过度的重复性作业与考试会造成某些抑制

性后果，另一方面也发现孩子们具有积极的潜能和较强的主观能动性。比如绝大多数孩子都喜欢体育、音乐、绘画、参观、劳动等活动或者课程，甚至如果科学、道德与法治等知识性的课程多一些观察、参与的环节，孩子们参与的积极性也很高；另外，数学如果结合趣味性的问题与生活实际，并且让孩子们动手学数学，效果也非常好；如果语文、英语课多一些故事、对话等应用参与的环节，也能提高孩子的学习热情。于是我们获得了这样的经验，小学教育改革的焦点不在于学习的绝对量，而在于课程内容组织形式是否立体有趣，以及教学活动的方法是否生动活泼。

三、发现孩子成长的线索

带着以上的困惑与启发，我校偶然参与了职业生涯教育项目，发现如果在小学渗透职业启蒙教育，便可以把生活实践、孩子的兴趣与需要，以及课程知识有机地结合起来，既可以让孩子们轻松愉快地学习，也可以提升孩子们的学习效果和协调发展水平。于是我们把职业启蒙作为贯穿小学教育的内在线索，统整孩子们的各种学习体验，并随着年级的提升，以孩子和谐发展为中心，引导他们参与各类符合其年龄特点的、丰富多彩的活动，促进他们学业、自我和社会性的整体成长。

目前，我国小学阶段的职业启蒙教育尚处于初步的探索阶段，开展此类教育的学校数量和实施程度还非常有限[1]。希望我校在这方面探索的经验与教训，能够在与相关学校的交流中进一步指导实践，让更多的孩子受益。

---

[1]郑巧.小学生涯教育现状、问题及对策研究——以石家庄市区为例［D］.石家庄：河北师范大学，2017：35-39.

第二节　目标：为了孩子的
和谐、可持续发展

一、总体目的：提升可迁移能力

小学作为学习生涯的基础阶段，虽然对孩子有一定知识量的学习要求，但是他们学习的动力、方法、习惯等学习品质及特征方面的因素更为重要。这种学习品质不仅关系着孩子的长远发展，也有助于减负增效。为此，我们希望帮助孩子们在三方面获得更好的发展。

爱学习、会学习。学习不只是孩子们的任务，也是他们的生活。既然是生活，就要追求积极的主观体验。况且，喜欢学习的孩子才能积极投入，也才能学好，且更有可能实现可持续发展。因此，我们的改革尝试的追求之一就是根据孩子的特点和需要，活化学习设计，调动孩子的兴趣与好奇心。

学习的习惯与方法关系着学习的效率与效果。好的学习方法一方面要切合学习内容和孩子的特点，另一方面需要通过强化学习活动的基础体验，让孩子有主动学习的意识与能力，从而进行高效的学习。

个性发展。每个孩子都有其天性，成长的环境与经验千差万别，他们的兴趣、能力、对学习内容与方法的偏好、学习过程中的步调，普遍存在差异。日益多元而又快速变化的社会，对人才的需要也是各种各样的，要适应孩子的差异以及未来社会对人才的多样化需求，就需要淡化考分这项单一标准，充分了解、尊重孩子的差异，以发现、发挥、发展他们的独特个性和潜能，帮助他们做成他们想做的事，成就他们想实现的自己。

学以致用，提升社会价值。高效的学习不能只局限于书本，而要能应用于孩子的成长。职业教育课程旨在帮助孩子优化日常生活、参与社会以及规划未来的学业与职业，这样的学习不仅不是简单重复，还能进一步扩大学习的成效。这是21世纪人才培养的必然要求[1]。不仅要在校内寻找机会让孩子通过交流与合作获得这种现实性、社会性的价值实现，还要促使这种交流与合作走进生活、走向社会，让孩子们在日常社会生活与实践中多观察、多体验，采取力所能及的行动以实现自己的社会价值。

二、基本目标：促进孩子的和谐发展

虽然职业启蒙教育的内涵很丰富，但归纳起来，其基本目标包括以下三个方面。

学会做事。孩子能力的成长，不仅依赖于学习的功课，也取决于他们参与校园活动、日常生活实务、社会事务的数量与水平。联合国教科文组织把学会做事作为终身学习的四大支柱之一[2]。因此，职业启蒙的一个基本方面，就是通过积极的学业活动和生活体验，提升孩子智力水平和管理时间的能力，从而为将来的学业和职业生

---

[1] Trilling B, Fadel C.21st Century Skills：Learning for Life in Our Times［M］. New York：John Wiley & Sons, 2009: 7-19.

[2] 其他三个支柱分别为学会认知、学会自我实现、学会共处。参见UNESCO. Learning to Do: Values for Learning and Working Together in a Globalized World［M］. Ottawa：UNEVOC Publications, 2006: 4-9.

涯做力所能及的准备。

学会做人。虽然小学生还是孩子，但已经处于家庭、学校以及社会之中。人际交往能力不仅是孩子未来生活与发展的基本素养，也关系到他们以后的学习、环境适应的情况，以及是否能顺利实现自我成长。通过家庭教育、学校教育和同伴交往，发展孩子的社会理解力、同情心、亲社会倾向、社会性担当与自我约束、同伴与团体合作能力、助人能力，这些都是小学教育的基本内容之一[1]。通过孩子们相互之间以及他们与成人之间的交流与合作，促进他们的社会性发展，这是职业启蒙的第二大目标，并被纳入了德育体系之中。

学会做自己。小学生的自我意识是不断增强的，但是自我成长与社会适应、学业发展之间是否能够协调共进，不仅关系到他们的未来，也会影响他们现阶段的学业与生活。孩子自我认知、自我接纳、自我表达、自我依靠、自我信任的水平，对他们当前和未来的学习与发展至关重要[2]。更何况在科技加速发展、新事物层出不穷的当代社会，能持续适应变化中的环境，形成稳定的自我认知，获得稳定的自我认同，坦然做一个独特的自己，既是个人幸福的需要也是社会创新发展的需要。

如果从教育的心理形式来说，小学生的职业启蒙发展水平处于幻想期，向内的自我觉察和成长是这阶段的重点，用以探索专业与职业的典型形式是游戏。该阶段的职业启蒙教育的目标要求是提升他们的探索意识和觉察能力，而不是树立确定的职业方向，也不强调他们行动的结果或绩效。

---

[1] Hamburg DA, Hamburg BA. Learning to Live Together: Preventing Hatred and Violence in Child and Adolescent Development［M］. Oxford: Oxford University Press, Inc., 2004: 64-82.

[2] Archer C, Burnell A, Hughes DA. Hughes. Helping Children to Build Self-Esteem: A Photocopiable Activities Book［M］. London: Jessica Kingsley Publishers, 2001: 15-20.

表1.1 基础教育阶段的职业生涯教育任务

年级	1—2	3—4	5—6	7—8	9
能力模块	了解自己	培养基础能力	认识生涯发展	进行生涯探索	着手生涯规划
自我觉察模块	发现自己的长处及优点	认识有关自我的观念	了解工作对个人的意义	探索自我的兴趣、价值观及人格	了解自己的能力、兴趣、特质所适合发展的方向
生涯觉察模块	激发对工作世界的好奇心	认识不同类型的工作角色	了解工作世界的分类及工作类型	了解教育的机会、特性及其与工作之间的关系	了解社会发展、国家经济及科技进步与工作的关系
生涯规划模块	觉察责任，发展对他人工作的尊敬	觉察问题及做决定，培养互助合作的态度	培养规划及运用时间的能力，培养人际交往能力	学习寻找并运用职业世界的数据，培养正确的工作态度及价值观	发展生涯规划的能力，培养解决生涯问题的自信与能力

根据：West Virginia Board Of Education. Comprehensive Developmental School Counseling Model Reference Guide [EB/OL] . (2012). http : //wvde.state.wv.us/counselors/documents/wvsc_model_booklet_colorJuly30_2012. pdf.

第三节　实践模式：通过开放性活动提升孩子的生涯体验

一、小学职业生涯启蒙的基本条件

小学阶段的孩子学习的基本特点是具体思维。人的能力发展一般经过从具体到抽象的过程，而小学阶段的孩子则主要处于具体思维阶段[1]。因此，抽象的知识与道德教育，对该阶段的孩子效果并不好。无论是智育、德育、体育、美育，还是劳动教育，教师都应该避免进行抽象的讲解说教，而要借助于具体的场景、形象、情节和活动让孩子有真切的体验，才能达到真正的效果。否则，老师说空话，孩子死记硬背，不仅效果不佳，而且容易导致孩子厌学。

实际情境中的活动与体验是职业意识与能力形成的必要条件。职业启蒙要想入脑、入心，就不能停留于听读式的书本的或口头的教育，而要养成孩子探索自我与工作世界的主动意识、行动能力，要达到这样的效果，创造便于探索自我和工作的情境与活动是必要条件[2]。这样的情境与活动可以是故事形式的讲述、角色扮演形式的游戏，也可以是真实的现场活动。

情境活动机会的创造有赖于学校、家庭和社区的合作。虽然课堂上可以进行活动性的职业启蒙教育，如开展叙述学业与职业故事、角色扮演、与工作者对话、做科学技术实验等活动，但是对于数以百计的专业和成千上万的职业来说，学校老师能够直接展示的工作世界毕竟是九牛一毛。因此，学校能够在多大程度上联合家长、社区、校友、高校等各种机构和渠道，丰富工作世界的信息，链接社会资源，就关系到职业启蒙教育所能达到的范围与水平。此外，不仅要把职业资源引入课堂，还有必要把孩子领进更高的学府、更多的执业机构，以便使他们获得现场感。

---

[1] 林崇德.发展心理学［M］.杭州：浙江教育出版社，2002：310-330.
[2] Hanover Research. Effective Career Awareness and Development Programs for K-8 Students［EB/OL］.(2012). https：//isminc.com/pdf/research-free/school-head/3376.

二、职业启蒙教育活动的基本要素

既然职业启蒙教育的基本方式是活动体验，就不能以学科逻辑来组织教育活动，而要按照实践活动的逻辑来设计和实施。每次教育活动要有一个明确的主题（要探索的问题或任务），整个活动要围绕这个主题展开。为了保证活动的组织秩序与学习效果，要选择合适的活动方法和步骤，事先要为这些活动准备好必要的场地、工具与材料，必要时可以介绍一些基本的案例、概念或方法，以提升活动的效果。在活动的最后，有必要留出一定的时间让孩子来总结、展示和交流（见图1.1）。

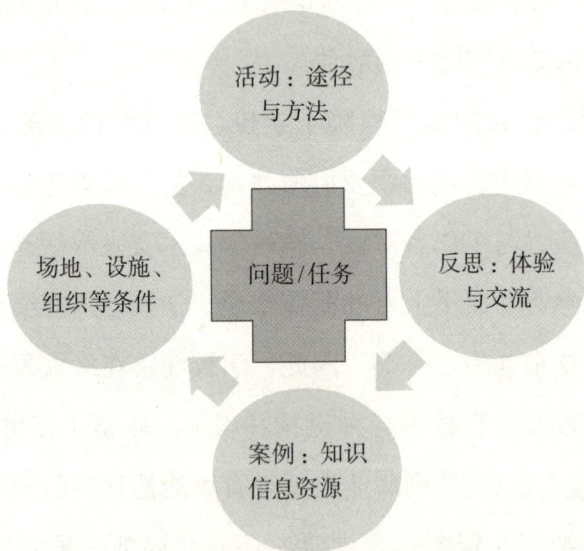

图1.1 职业启蒙教育活动的基本要素

职业启蒙活动不能照搬讲读式的教学模式，组织者需要强化活动设计意识，并在活动过程中有效地观察、指导，并对孩子在活动过程中的问题和表现进行反馈。对于学习结果的评价与反馈，也应注重看孩子们的行为表现和作为行为结果的作品，而不能停留于他们口头的或文字的语言。

三、职业启蒙教育的常用方法

为了增进孩子们的活动体验，需要引导他们采用多种多样的学习方法。这些方法有的可用于吸收新鲜的知识与经验，有的则侧重强化积极的态度，有的有助于强化行动能力，还有的则可以帮助提高沟通与合作技能（见表1.2）。根据我校的经验，专业/职业人士访谈、心理小测试、学科渗透等都是行之有效的方法。

表1.2 职业启蒙教育的常用方法

• 专业/职业人士访谈	• 心理小测试
• 学科渗透	• 实习/志愿者服务
• 自我介绍（自传）	• 职业展（展示/展览）
• 现场参访	• 读书会
• 职业沙龙	• 小组探究
• 主题沙龙（研讨）	• 角色扮演游戏（社交游戏、职业剧）
• 个别指导	• 在线查询

资料来源：Gikopoulou, N. Report on Effective Career Guidance［EB/OL］. (2008: 62-76). http://www.career-guide.eu/uploads/cg_handbook_low.pdf. P.

第二章
职业启蒙核心课程

第一节　缘起与发展

一、缘起：通过职业启蒙丰富小学德育的内涵

2013年9月，建青实验学校小学部三年级每位品德与社会教师手中都拿到了一本由华东师范大学刘华教授主编的《康康熊的33个故事：未来在你手中——小学生职业启蒙与职业规划教育读本》（以下简称《康康熊的33个故事》）[1]。

这是老师们第一次接触到"职业启蒙"这个教育的全新领域，对此感到十分陌生。在师范学校学习时，老师们从未接触过此类课程，传统的教育学也从未涉猎此类课程，老师们都很困惑："职业教育"似乎离小学生太过遥远，年纪这么小的孩子也都十分懵懂，是否有必要在小学阶段就接触这个领域呢？在小学阶段开设这门课程的意义何

---

[1] 刘华.康康熊的33个故事：未来在你手中——小学生职业启蒙与职业规划教育读本［M］.上海：华东师范大学出版社，2013.

在？上与不上"职业启蒙"课对孩子们来说有什么不同呢？这种类型的课应该怎么上？它的切入点是什么？教学的目标到底是什么？"职业启蒙"课到底与"品德与社会"课有什么不同？一个个疑问接踵而来，对此，三年级品德与社会备课组开展了一次又一次研讨。

启蒙，即为开导蒙昧，使之明白事理。职业启蒙，就是让孩子们了解未来寻求职业发展的入门知识。在"家校共育构建小学职业意识启蒙课程的行动研究"课题组的领导下，备课组的老师们查阅了大量的国内外资料，进行了反复的研讨，确立了课程目标——培养孩子的自我认识，发展孩子的职业兴趣，增强孩子的社会性发展。

备课组先对应《康康熊的33个故事》整理了沪教版《小学品德与社会（试用本）》基础型课程中含有职业教育的元素，并对它们进行了梳理（见表2.1）。

表2.1 沪教版《小学品德与社会（试用本）》基础型课程中的职业教育元素

年级	单　　元	课　　题	职业启蒙元素
二年级第一学期	第3单元　吃饭与穿衣	衣服哪里来	职业知识
二年级第二学期	第3单元　小区生活	为小区服务的人	职业知识
	第4单元　在集体中	我的岗位	社会性发展
三年级第一学期	第2单元　上海一家人	家乡的土地，家乡的人	社会性发展
		黄道婆和徐启光	职业知识
	第3单元　生活百事通	去超市购物	职业知识
		小小储蓄卡	职业知识
		求医问药	职业知识
		乘坐公交车	职业知识
	第4单元　学做小当家	我家的"三表"	职业知识

年级	单元	课题	职业启蒙元素
三年级第二学期	第2单元 上海在前进	浦江的诉说	社会性发展
		绿色的家园	职业知识
		上海"亚古都"	社会性发展
		相约世博会	社会性发展
	第3单元 三百六十行	平凡的工作	社会性发展
		行行出状元	职业兴趣
		行业的变化与发展（一）	职业兴趣
		行业的变化与发展（二）	社会性发展
	第4单元 最可爱的人	八一军旗红	社会性发展
		雕塑背后的故事	社会性发展
		我是一个兵	职业知识
		"好八连"赞歌	职业知识
四年级第一学期	第3单元 人地和谐	愚公移山	社会性发展
		大禹治水	社会性发展
四年级第二学期	第1单元 文明的长河	黄帝与孔子	社会性发展
		四大发明	职业知识
		中华医药	职业知识
五年级第一学期	第1单元 民主政治	让国徽闪光	职业知识
	第2单元 振兴中华	科技之光	职业知识
		光荣与梦想	职业知识
五年级第二学期	第4单元 未来世界属我们	为中华之崛起	社会性发展
		当好"地球村"的小公民	社会性发展

　　表格将《康康熊的33个故事》中"我的教育与职业"和"我的未来与职业"这两部分内容与我们从沪教版《小学品德与社会（试用本）》基础型课程中梳理出来的相关内容进行了融合。按照表格，

本校在小学三年级进行小学生职业启蒙课程的试点教学，每周一节，由各班品德与社会教师担任课程教师，对学生进行职业兴趣、职业知识、社会性的课堂教学。这就是本校最早的职业启蒙教育。

二、校本化发展：职业意识启蒙课程成型

通过一段时间的实践，我们发现孩子很喜欢上职业启蒙课。故事引入、情景体验、思辨互动、亲子参与等课堂环节深受孩子们的喜爱。老师们经过课堂教学和设计，慢慢有了文本、案例、课件的积累，大家不谋而合有了要开发校本教材的想法。

在小学部领导和学校领导的支持下，课程建设又有了中学部心理教师的加入。我们一起将《康康熊的33个故事》中第一部分"我的生活与职业"的心理要素的相关内容进行了重新编制，引导孩子们学习认识自己，让孩子们了解自己应该怎么发展，需要做哪些准备，帮助他们树立社会性发展目标和正确的人生目标。

职业意识的启蒙，并不是教会小学生去做不切实际的职业规划，更不是天马行空地进行未来职业能力的培养。小学阶段是养成自我意识和培养行为习惯的关键期，要教会孩子了解自己，正确地认识自己，有目标，能坚持，不断实现和超越自己；要教会孩子发现他人，形成包容多元的意识，学习与人共处，提升合作共建的能力，增强社会适应能力。

小学生职业意识启蒙课程分为"了解自己""追逐梦想"两篇，共有"我想了解我自己""我想做个快乐的人""我想学习更有效""我想人际更友好""职业梦想""职业角色""职业体验""职业准备"八个单元，力求帮助孩子了解不同的职业，向他们展示教

图2.1　学生作品：职业小体验

图2.2　学生作品：寻找身边最美的职业

育和这些职业是如何相关的，希望展现给孩子一个有规则而无答案、有合作而无权威、没有确定性而充满可能性的世界。

课程每单元由"小故事，大道理""小论坛，大智慧""小游

图2.3 职业启蒙专职教师上课　　　　图2.4 心理教师上课

戏，大收获""小记录，大感悟""小不点，大未来"五大板块构成，图文并茂，情景交融。

每周，在三年级各班和四年级两个试点班开设职业意识启蒙课程，由心理教师和职业启蒙专职教师共同承担课程的教学。

第二节　职业意识启蒙课程的设计

一、教育GPS：职业意识启蒙课程的定位

职业启蒙是一种独立的课程，是由心理教师和职业启蒙专职教师牵头实施的活动式校本课程。该课程的宗旨是着眼于孩子的终身

学习与发展的需要，把知识学习、个人成长、社会环境有机地结合起来，为孩子们未来的发展奠基和播种。

虽然该课程没有占用很多时间，但它作为一种理念与方法的导向，引领学科教学、班主任工作、家长工作、校内外活动开展得更有针对性，更能适应孩子们的年龄特点和个性需求，并充分结合了学校、家庭和社区的条件与资源。

二、课程目标：联结事业、自我与他人的意识与方法

职业意识启蒙课程的目的是帮助孩子探索自我、专业、职业与社会环境，并通过与他人和环境的互动，促进他们个性、社会性和事业的可持续发展。

职业意识启蒙课程的第一大目标是帮助孩子正确地认识自己，着重让孩子了解自己、发展自己、接纳并欣赏自己，培养孩子积极、乐观、向上的态度、品格和价值观。在课堂中，教师注重引导孩子清晰地了解自己的个性、兴趣和特长，认识自己的优缺点、性格特质，学会接纳独一无二的自己，为自己提出切实、适当的目标，通过学习发展自己、超越自己。

职业意识启蒙课程的第二大目标是帮助孩子正确认识学业、专业与工作世界，注重让孩子们在教育体验和职业体验中认识不同学科与专业的特点，体察迥然不同的工作角色和专有所攻的职业技能，培养他们的职业兴趣，加深他们对职业的了解，帮助他们树立职业意识和职业理想。同时，通过开展游戏活动，引导孩子们建构对职业的认同感，学会和同伴交流、沟通、合作、共建。

职业启蒙课程的第三大目标是社会性发展，引导孩子从自我关注拓展到关注他人，了解他人的情绪、个性、观念和生活世界的特点，培养能倾听、体谅、包容、帮助他人的素养和能力。

表2.2 职业意识启蒙课程的三方面的目标

学会做自己：自我发展	学会做事：事业发展	学会做人：社会性发展
1.认识自己 2.接纳并欣赏自己，发展自信 3.学会自我规划、自主行动和自我管理	1.洞察每一科目的特点，并根据自己的个性特点确立自己的学习目标和学习风格 2.观察并理解职业的多样性 3.体验职业，认同职业的意义与价值 4.体察学业、生活与未来职业发展之间的关联	1.理解人的个性差异，理解并包容他人的特殊性 2.学会积极地沟通与合作 3.学会积极地应对冲突

三、内容体系

根据职业意识启蒙课程的目标定位，我们进行了教学单元设计（见表2.3）。这些教学单元之间是相对独立的，顺序也可以适当调整，但合起来体现了做事、做人、做自己三方面的发展。

表2.3 职业意识启蒙课程教学单元设计表

课　程　目　标		单　元	小　节
自我发展	1.认识自己	我想了解自己	1.了解自己 2.我的优点和缺点
	2.接纳并欣赏自己，发展自信	我的优势	喜欢我自己
		我的情绪我做主	1.情绪ABC 2.做个快乐的人
	3.学会自我规划、自主行动和自我管理	我的计划	1.伟人的梦想 2.有效的行动

	课程目标	单元	小节
事业发展	1. 洞察每一科目的特点，并根据自己的个性特点确立自己的学习目标和学习风格	怎样学习更有效	1. 学业的多面孔 2. 学习习惯与方法
	2. 观察并理解职业的多样性	职业角色	1. 三百六十行 2. 父母的社会角色 3. 职业的兴衰
	3. 体验职业，认同职业的意义与价值	走进职场	1. 职业体验
	4. 体察学业、生活与未来职业发展之间的关联	学习与职业	1. 学科—专业—职业 2. 专长与学习
社会性发展	1. 理解人的个性差异，理解并包容他人的特殊性	人缘的秘密	1. 万人迷的样子 2. 不一样的你我 3. 做个受欢迎的人
	2. 学会积极地沟通与合作	建立友谊	交朋友
		团队建设	我们是伙伴
	3. 学会积极地应对冲突	不"打"不相识	1. 差异与冲突 2. 道歉与和好

图2.5 学生在职业意识启蒙课程"我的情绪我做主"的课堂上做游戏

图2.6 学生在职业意识启蒙课程"我的情绪我做主"的课堂上做游戏

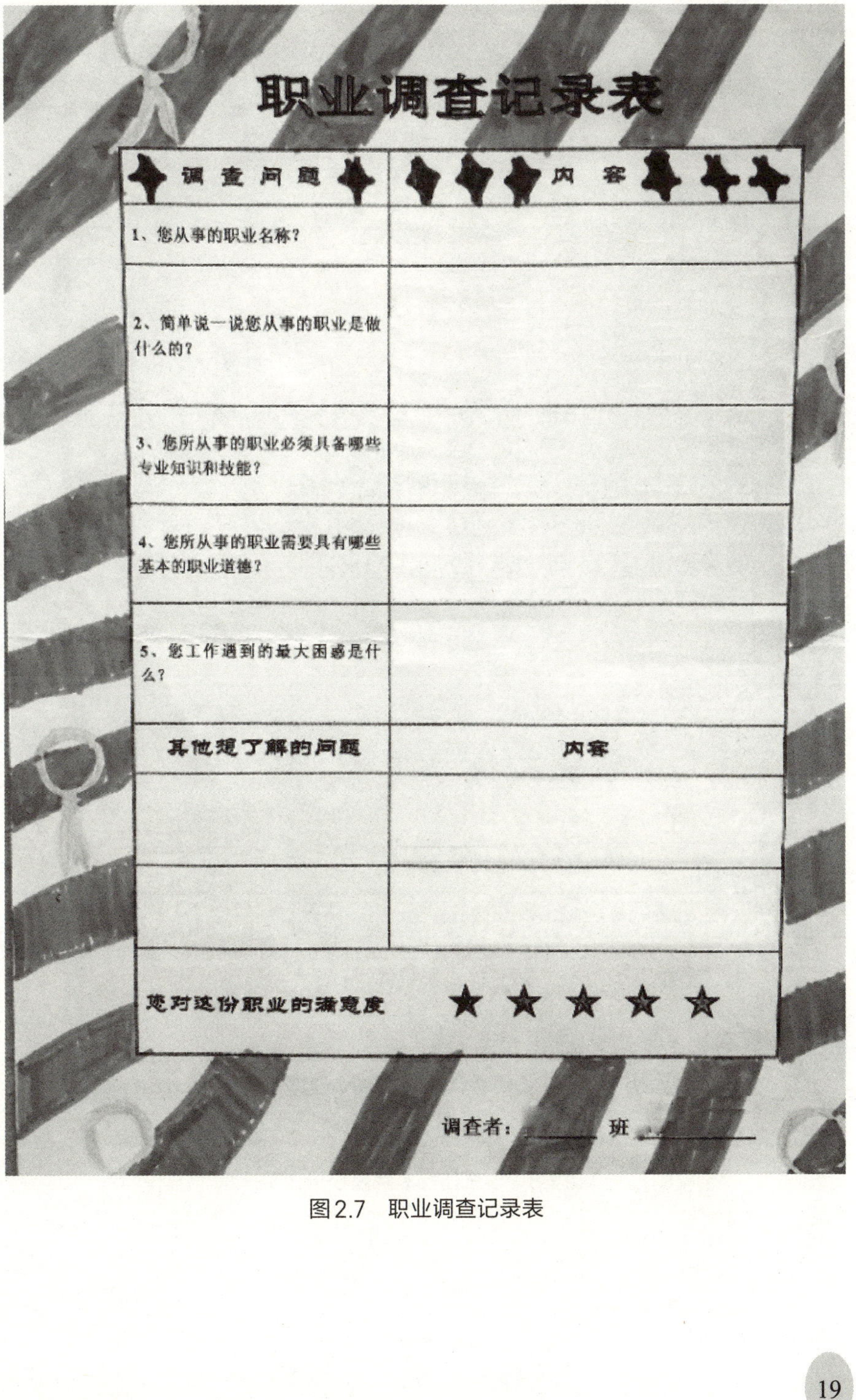

职业调查记录表

调查问题	内容
1、您从事的职业名称？	
2、简单说一说您从事的职业是做什么的？	
3、您所从事的职业必须具备哪些专业知识和技能？	
4、您所从事的职业需要具有哪些基本的职业道德？	
5、您工作遇到的最大困惑是什么？	
其他想了解的问题	内容
您对这份职业的满意度	★ ★ ★ ☆ ☆

调查者：_____ 班 _____

图2.7 职业调查记录表

图2.8 学生作品《我是小导游》

每一单元的结构都体现了活动体验的特性，一般都有待探究的核心问题或活动任务要求，用以带入情境、启发思考的案例故事或其他直观材料，按一定程序与方法操作的活动体验，以及最后的展示、交流与总结环节（见表2.4）。

表2.4　职业启蒙教学单元设计[1]

课前	1. 发现、选择生涯问题或任务
	2. 以生涯问题或任务为中心的学习活动设计
课堂	3. 设置生涯探索情境
	4. 组织和主持生涯探索活动
	5. 总结、汇报与交流学习结果
课后	6. 跟踪辅导

第三节　职业意识启蒙课程的实施及案例

一、职业意识启蒙课程实施计划

职业意识启蒙课程是在小学三、四年级阶段实施的，每个年级分为四个阶段进行，每一阶段的内容不尽相同，但基本上按照学习进阶的模式由浅入深地将内容整合和贯穿到每一阶段。

---

[1] 刘德恩.体验式生涯教学的初步探索［J］.基础教育，2011，1：62-66.

三年级的内容较为生活化，孩子接触到的内容与生活紧密相连，涵盖范围较广，程度较浅显，用以为之后的学习奠定基础。纵向来看，四年级和三年级相比，四年级的内容逐步深入，更加强调培养孩子的思考能力和沟通交流能力。随着年级的增长和课程的深入，孩子的能力和职业意识也呈螺旋式上升。

在实施过程中，要以孩子为主体，引导他们主动参与到活动过程的各个环节中，并在常规性、系统性和整体性设计的基础上根据实施情况及时调整。不同类型的课，课程教法、课程所需条件也不同。现分述如下。

二、故事会 / 读书会

故事会和读书会是以情节性叙述为主的方式，主要是阐述职业生涯的特性和职业人的特点。如果以文字叙述为主，就是读书会，如果以口头讲述为主就是故事会。而叙述者可以是老师、职业人、家长，也可以是孩子们自己。

课例 1

父母的社会角色

课程模块：认识职业

课　　型：故事会

适用对象：小学四年级的孩子

课程时间：1 节课

课程场地：教室，六人一组，围坐成凵形。

课前准备：孩子按照问题提纲访问并记录父母的工作概况。

课程目标：

1. 认识父母职业的特点。

2. 学会尊重父母工作的价值。

课程流程：

1. 导入

　　教师：你的父母从事什么样的职业？他们在社会中扮演着怎样的角色？你了解他们职业的快乐与辛苦吗？让我们一起走进父母的工作世界，了解他们的社会角色。

2. 活动一：父母的职业

　　小组讨论：各自的父母是做什么工作的，记下名称，然后看看各组的父母的工作都有哪些。

　　小组汇报：有哪些工作？其中哪些比较特别？

3. 活动二：讲述父母工作的故事

　　每组推选一名代表介绍自己父母的工作，如职业名称、典型的工作过程及其工作经历的变化等。

4. 小结

　　给自己的父母写一段话——谈谈他/她的工作，讲讲其中有些什么是值得自己赞美、学习的。

图2.9 认识职业：父母的社会角色

读书会还有一些变式，可以边读书，边插入问题与讨论，比如问"假如你是故事里的主人公，你会……"如孩子讲的是自己身边的故事，则可以鼓励他们以故事的情节为蓝本写成脚本，跟小伙伴一起排练进行表演，这就是话剧游戏了。

另外，读书会叙述的对象不仅有书，还可以是视频、音乐、歌曲、漫画、实物、肢体语言、符号等。通过阅读、问题启发、讨论、学以致用等环节，达到深化职业启蒙教育的效果。

三、游戏课

游戏课以游戏的形式和过程呈现教育内容，以帮助学生获得概念、知识、技能以及策略等为目的，具有知识性、趣味性、互动性、竞争性等特点。

谁 的 帽 子

课程模块: 事业发展

课　　型: 游戏

适用对象: 小学三年级的孩子

课程时间: 1 节课

课程材料: 学习单、剪刀、笔、大号一次性盘子等。

课程场地: 教室,六人一组,围坐成∪形。

课程目标:

1. 认识职业的多样性。

2. 理解每种职业的价值。

课程流程:

1.引入

让孩子观看视频《帽子先生》(由课题组编写儿歌、制作视频),然后引出谈话主题——帽子与职业。

2.游戏活动

(1)游戏:帽子戏法

让孩子通过看帽子,认职业,然后小组合作填写作业单《猜猜这是谁的帽子》。

(2)游戏:我是消防员

游戏目的:通过开展小组互动游戏《宝宝巴士之我

是消防员5》（选自移动互联网早教品牌——宝宝巴士官网）[1]，让孩子体验消防员的职业环境，感受其职业魅力。

游戏场景：高楼中发生火灾，情况非常紧急，小动物的生命受到了威胁。接到报警后，熊猫消防员穿上特制的防火装备，风驰电掣地驾驶消防车到达火灾现场。

游戏内容：让孩子分组执行消防任务，比一比各组的工作速度、质量与配合度。

填写学习单《消防员的工具及其作用，以及工作特质与所需个人品质》。

（3）小组总结汇报：消防员工作的意义与要求

教师小结并概括学生阐述的要点：消防员不仅要具有强健的身体、持久的耐力、灵敏的反应、敏捷的身手，还要精通消防业务理论和灭火技术、战术，更要具备良好的心理素质，遇到危险时情绪稳定，不慌、不惧，保持良好的观察、记忆、判断和思维能力，还要有勇敢顽强、坚韧不拔的意志和灵活应变能力；消防员们都乐于助人，热心的孩子会比较适合从事诸如消防员、警察、老师这类职业，而这些职业都需要和人接触，所以还需要培养语言表达能力和与人沟通的能力。

---

[1] 宝宝巴士官网 http：//www.babybus.com.

图2.10　课程"谁的帽子"角色扮演

除了角色扮演游戏，还可以通过比喻或拟人的方式，把特定的主题作为探讨对象，通过游戏活动外化出来。比如把各种情绪作为一个能动的角色，与当事人进行情境性互动，达到理解和管理情绪的效果，再如把价值标准作为拍卖对象，举办拍卖会。此外，辩论赛也可以归到游戏课一类。

四、问题探究课

问题探究课就是以待探究的问题作为起点、中心、活动线索，组织孩子进行小组探究活动。探究的基本流程是：发现/提出问题→搜集与问题相关的信息→分析问题的性质与影响因素→回答问题或找出解决问题的方案→汇报或执行问题解决方案。

问题探究的方向不仅可以指向外部的专业、职业世界，也可以指向孩子自身，比如探究自己的兴趣、特长、梦想，分析自身存在的拖延、粗心、偏科、人际冲突等问题的原因。问题探究课不仅可以用在课堂，也可以用于外出参观、家庭生活中。

从学业到职业

课程模块：体察学业、专业、职业之间的关系

课　　型：问题探究

适用对象：小学四年级的孩子

课程材料：访问记录单

课程场地：教室，六人一组，围坐成凵形。

课程时间：1节课

课前准备：

1. 请孩子准备访问提纲——现在如何为未来的专业学习与工作做准备？

2. 为每个小组请来一位已经工作或正在上大学的校友。

课程目标：

1. 认识学业、专业、职业之间的关系。

2. 理解现在学习生活的意义。

课程流程：

1. 老师引出探究主题并向孩子介绍嘉宾。

2. 嘉宾进入每个组，接收孩子们的集体采访。

3. 小组汇报采访结果。

4. 嘉宾点评和补充。

图2.11 职业意识启蒙课堂——问题探究

五、展示课

展示课就是组织孩子把现有的东西或学习经验成果，以口头、书面或作品的形式展示出来，并进行说明、交流或点评。

········· 课例 4 ·········

我 心 所 属

课程模块：认识自我（兴趣）

课　　型：展示

适用对象：小学四年级的孩子

课程场地：教室，全班同学围坐成凵形；在讲台上或墙面上展出同学们提供的展品。

课程时间：两节课连上。

课前准备：请孩子搜集与自己某一方面的兴趣相关的照片、实物、录音、录像、绘画等的展品。

课程目标：

1. 认识自己的兴趣类型。

2. 体会兴趣的力量。

课程流程：

1. 老师说明展示要点和时间限制。

2. 孩子轮流边展示展品，边讲述自己的兴趣故事；老师中间插入简短的问答或点评。

3. 总结或集体评选兴趣之星。

展示课还可以用于介绍专业、职业，展示小组探究结果，展示孩子个人才艺或个性。展示的方式可以是个人的，也可以是小组的；可以集中进行一次性展示，也可以分散展示，比如每次请一位或两位孩子进行展示。

除了以上典型课型，还有小测验、讲座、个人独立探究等形式，但因为这些形式与其他科目的教学差异不大，这里就不深入讨论了。

总的说来，职业意识启蒙课程的基本特点有：主题性，即每次

图2.12　职业意识启蒙课堂——学生展示

课有一个集中的问题或任务；活动性，即通过一定的活动方法和步骤达成深度学习的效果；互动性，即不仅有个人的或小组的探究活动，还有孩子之间、师生之间的交流反馈，能够拓展孩子们的视野与经验范围，发挥同伴学习、教学相长的效用。

六、学习反馈与评价

职业启蒙教育的评价大都不是总结性的，更不是选拔性的，而是形成性的、诊断性的。它本身也是职业启蒙教育的一部分——通过评价来学习，更多、更好地学习。

就评价的方式而言，我们不太提倡类似于考试的偏重理论的书面评价，而更提倡基于孩子作品或表现的反馈与评价。评价的结果不是结论性的，而是交流探讨性的，以便启发、促进孩子进一步的探索与成长。

为了增强职业意识启蒙课程的系统性，我们还尝试以"梦想护照"的过程性档案形式进行记录，体现出学习是通向未来的证明。档案内容以孩子自我评价、互动评价为主，鼓励孩子通过活动充分管理自己，表现自己，培养孩子良好的生活习惯、学习习惯和交往习惯；同时结合教师评价和家长评价，促进孩子发展。

孩子们通过记录"梦想护照"，进行自我参照、自我反思、自我评价，在此过程中，课程实施的三大主题——自我认知、职业认识和责任意识得以进一步落实，有利于发挥孩子的自主性和创新性，促进孩子自我发展，参与并且融入社会。

一本"梦想护照"，开启孩子们寻梦的路程、追梦的脚步。

图2.13　梦想护照封面

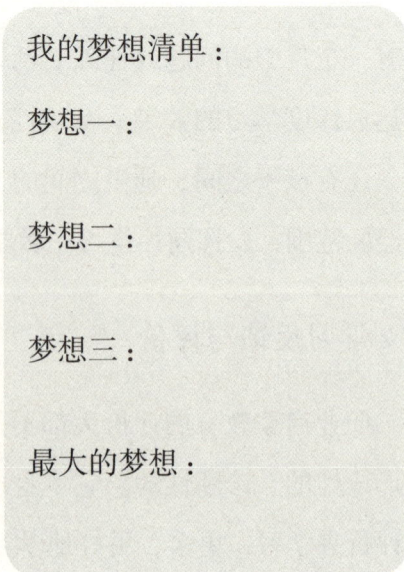

我的梦想清单：

梦想一：

梦想二：

梦想三：

最大的梦想：

图2.14　梦想护照内页1

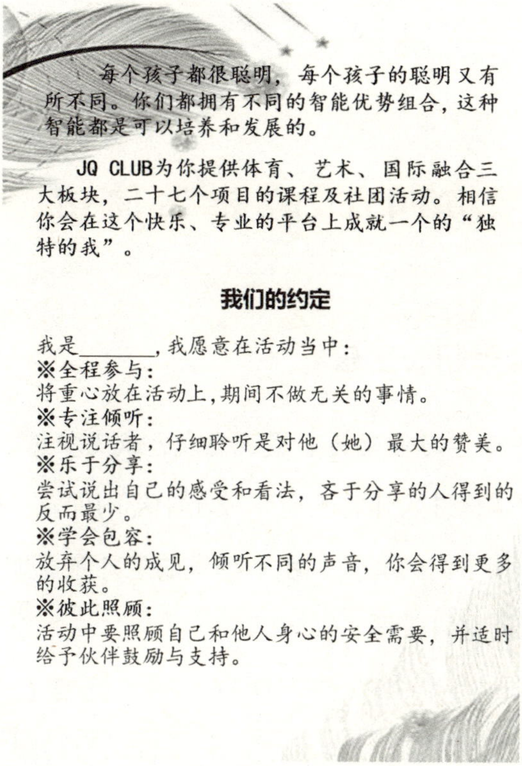

每个孩子都很聪明，每个孩子的聪明又有所不同。你们都拥有不同的智能优势组合，这种智能都是可以培养和发展的。

JQ CLUB为你提供体育、艺术、国际融合三大板块，二十七个项目的课程及社团活动。相信你会在这个快乐、专业的平台上成就一个的"独特的我"。

我们的约定

我是＿＿＿＿＿＿，我愿意在活动当中：
※全程参与：
将重心放在活动上，期间不做无关的事情。
※专注倾听：
注视说话者，仔细聆听是对他（她）最大的赞美。
※乐于分享：
尝试说出自己的感受和看法，吝于分享的人得到的反而最少。
※学会包容：
放弃个人的成见，倾听不同的声音，你会得到更多的收获。
※彼此照顾：
活动中要照顾自己和他人身心的安全需要，并适时给予伙伴鼓励与支持。

图2.15　梦想护照内页2

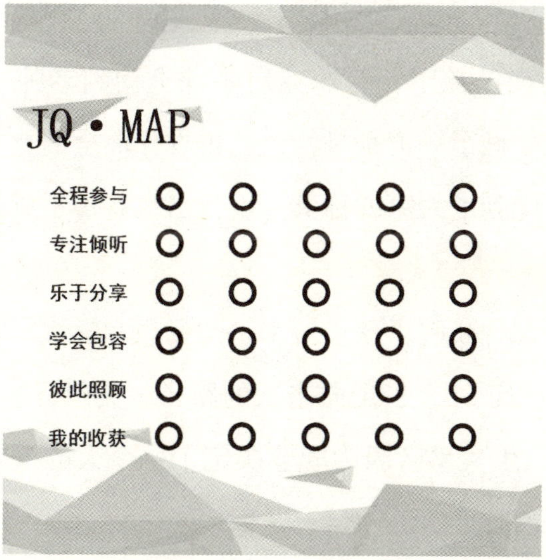

JQ · MAP

全程参与	○	○	○	○	○
专注倾听	○	○	○	○	○
乐于分享	○	○	○	○	○
学会包容	○	○	○	○	○
彼此照顾	○	○	○	○	○
我的收获	○	○	○	○	○

图2.16　梦想护照内页3

第四节 收获与展望

一、收获：教学相长之乐

（一）为孩子学习添动力：成就自我，试飞梦想

职业启蒙课程进入建青实验学校小学部的课堂已经有四个年头了，课程深受孩子们的喜爱，越来越多的老师愿意加入此门课程教学的研发，教授这门课程。

一个小学三年级的女孩，探索一行，就爱上一行。她的梦想先是当医生，然后是当画家，后来又想成为舞蹈家。虽然梦想在变化，但对生活、对职业世界一直保持着浓厚的兴趣和参与的热情。

一个很内向的孩子，在职业启蒙课上受到老师"露一手"的鼓励，回家动手做了一道别具特色、色香味俱全的点心，带到学校给师生品尝，受到了大家的称赞，她自己也获得了成就感，增强了自信。

职业启蒙课程唤起了孩子对未来的畅想和尝试。它是帮助孩子们认识自己、认识社会、走向未来的路径。英国哲学家罗素曾说："选择职业是人生大事，因为职业决定了一个人的未来，选择职业就是选择将来的自己。"

蝴蝶女孩舒心的魔术梦

在"谁的帽子"这堂课中，有一个环节是让孩子们自己设计一顶帽子。顾舒心给自己设计了一顶魔术师的帽子。下课后，她主动和我沟通，说下次课上想表演一个魔术，问我可不可以。当时，我内心一阵感动。一堂职业启蒙课，一个做帽子的活动，竟然能引起孩子如此大的兴趣。我一口应允，嘱咐孩子课前先预演给我看一下。

一周过去了，孩子如约而至。她的表演令我眼前一亮，只见她拿着一个大口袋，不紧不慢地从里面拿出一顶魔术师的帽子戴在头上，又穿上一件闪亮的披风，再配上黑框眼镜，帅气十足。她表演了手帕变小兔的传统魔术。我惊讶地问："你怎么能表演得如此流畅？""我看过魔术探秘的节目，在你同意我在课上表演后，我又在家里反复练习。"孩子笑了笑，"还不错吧！"我连连点头。

孩子的表演在班上引起了轰动，课上我又借此介绍了魔术师刘谦小时候的故事，效果特别好。林肯曾说过，预测未来最好的方法就是去创造未来。

2018年2月1日，在上海电视台的演播厅内，"中国学生好问题"大赛的四强决赛正式拉开帷幕，四位参赛选手中有两位是小学生，两位是高中生，他们经历了初赛和评委面试，层层过关，最终从数万名报名者中脱颖而出（主办单位提供的数据是：7万多名孩子报名初赛，提出了34.5万余个问题），来到决赛。经过自我介绍、主题演讲、评委问答等环节的角逐，最终来自上海建青实验学校五年级的顾舒心同学获得了特等奖，其他三名选手获得了一等奖。

王 琰

图2.17 顾舒心同学荣获2018年"中国学生好问题"大赛特等奖

图2.18 顾舒心同学获得2018年"中国学生好问题"大赛特等奖的奖研金

（二）教师团队的成长：课程教学有了灵魂

三年级李老师回顾自己的教学体会时说：开展职业意识启蒙课程之后，感觉走向未来的发展理念为教育注入了灵魂，或者说为小学课程与教学理出了一条主线，从而把孩子们的学业与个性发展、社会性发展有机地联系起来，两者相得益彰，互相促进；而自己的教学工作更加重点突出、主线清晰，上起课来也更加得心应手了。

另一位语文老师谈到，从职业启蒙教育的角度尝试探索，可以把苏东坡的诗词、东坡肉、相关景点的旅游（如苏堤）、苏东坡的人生及为官经历（公务员生涯）结合起来，既能帮助孩子们更好地掌握苏轼作品，也能提升他们对名胜古迹的观赏水平，又能让他们更深刻地理解公务员生涯，体悟人生的境界。

二、展望：职业启蒙教育的拓展与深化

职业意识启蒙课程在建青实验学校小学部已经开展多年，深受建青实验学校小学部孩子们的喜欢，同时也吸引了不少教师参与，特别是青年教师和各基础性学科教师的加入。不过，从未来发展的角度看，还有进一步拓展的空间。

（一）从专门课程渗透到其他课程

虽然我们的职业意识启蒙专门课程已初见成效，而且提升了学生的学习动机与方法意识。部分兼任文化课的教师尝试将学科教学与职业启蒙相结合，也取得了不错的效果。因此值得进一步尝试的方向之一是将职业启蒙作为一种理念与方法，渗透到其他各方面的教育工作中。

渗透到各个学科的教学中。学科教学与职业启蒙相结合，一方面能提升孩子对学科学习的兴趣，另一方面也可以结合学科，促使孩子进行相应的专业与职业探索，帮助他们掌握学科学习的特点和有效的方法。

渗透到班主任工作中。班主任工作如果能渗透职业启蒙教育，不仅可以改善班级的学习风气与氛围，也有助于师生之间、同学之间相互了解，进而增进教育与沟通的针对性。

渗透到家长工作和假期教育工作中。教育不仅是学校的职责，也是家长的责任，只有同时把家长也动员起来，才能形成合力。我们可以通过家长会（课堂）、日常沟通、家长讲堂、校外教育、假日项目等方式，与家长合作，将学科学习与职业启蒙，将学校教育

与家庭教育、校外教育有机地结合起来。

（二）教师发展：从部分受益到全员受益

虽然我校教师对职业启蒙教育都有一定的了解，但重点参与这项工作的主要是部分骨干教师。如果把职业启蒙渗透到学科教学、班主任工作及其他教育工作中，那么实施职业启蒙的将是全体教师。这样做至少可以收到以下两方面的效果。

其一，职业启蒙教育深入教师的内心，将唤起教师自己的生涯规划与管理意识，找到自己的兴趣与能力优势，进而根据自身特点和学科特点，打造自己的教学风格。其二，提升全体教师的教育理念与视野，德育与学科两方面的专业能力都能获得发展。

（三）实施途径：从课堂拓展到课外

上了职业意识启蒙课程之后，孩子们的劲头足了，兴趣拓展了，造就了非功课拓展学习的时空。

读书会。通过家长与教师的合作，帮助孩子们选择有趣而又适当的材料，把阅读、集体讨论、个人成长有机地结合起来，促进孩子们可持续地发展。

探究性家庭作业项目。即孩子选择自己感兴趣的领域，开展小实验、小观察、小访问、小体验项目，以便落实和强化兴趣点。

社区调查与体验项目。借助于家长与社区资源，为孩子们提供调查、体验的机会，一方面帮助他们拓宽视野与经验，另一方面提高他们的行动能力。

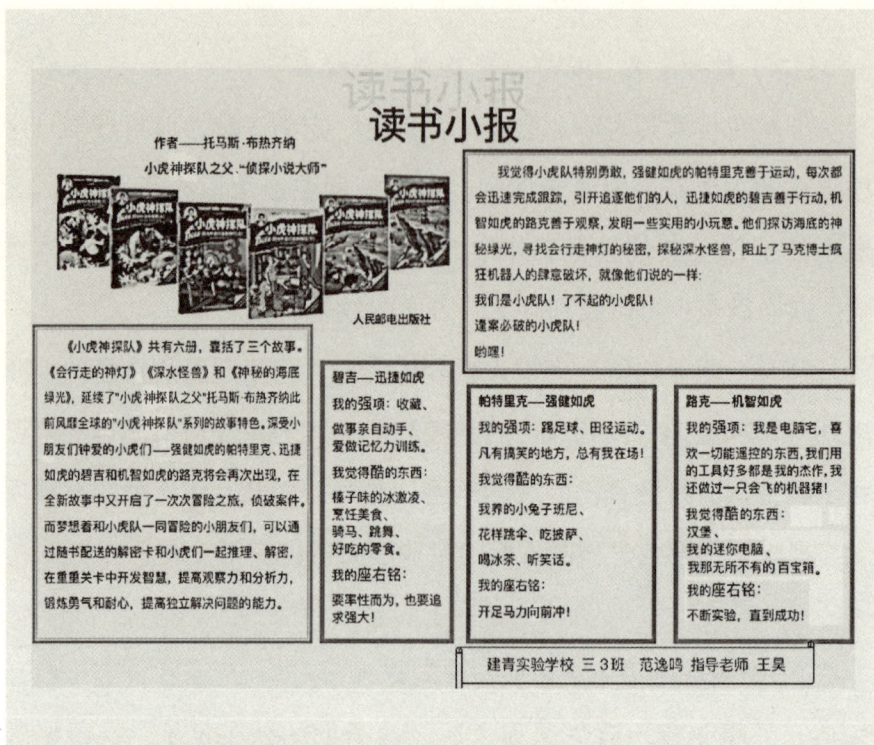

图2.19 学生作品：读书小报

图2.20 学生进行探究性家庭作业

图2.21 学生进行社区调查

郑 和 宝 船
宝 典

任宸灏 编

宝船档案

名称:郑和宝船

年代:明代；材质:木材

动力系统:硬帆及螺旋桨(luó)

含义:运宝之船

数量:六十二艘(sōu)

船形结构:底尖上阔

产地:南京

—1—

船体

舵：
航行设备上用于改变或保持航行方向的一种装置。最早用于船舶，是控制船舶航向的设备。古埃及人在公元前3100年美尼斯时期就已发明。从出土的汉朝文物和文献可以说明，舵在汉朝已经有了。1955年在广州近郊出土的东汉陶制船模，船尾就设有一支舵，这是中国最早的舵。

知识

帆：
悬挂在桅杆上的布篷，利用风力使船前进。没有人确切地知道第一批帆船出现在何时。大抵当有人在船上竖起一块布篷，张起了风帆把船向前推进。

—2—

船队介绍

郑和宝舟乃是郑和船队中最大的海船，是郑和船队中的主体，也是郑和所领的海上特混舰队中的方其舟见，它在郑和船队中的地位相当于现代海军中的旗舰、主力舰。

—3—

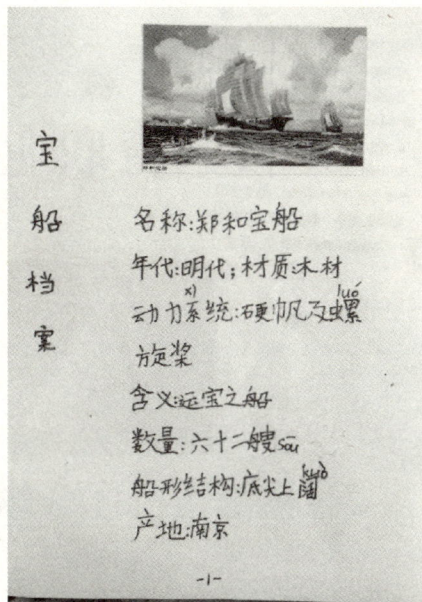

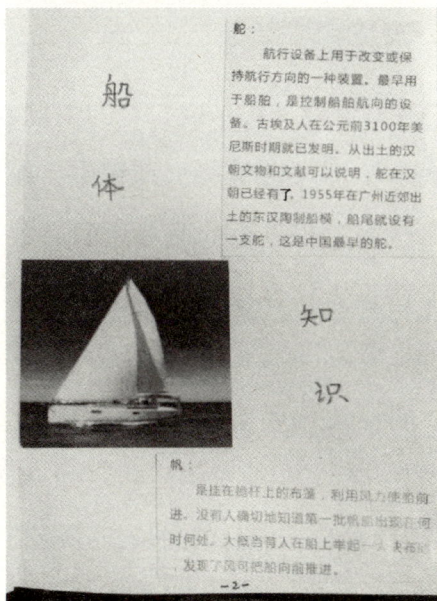

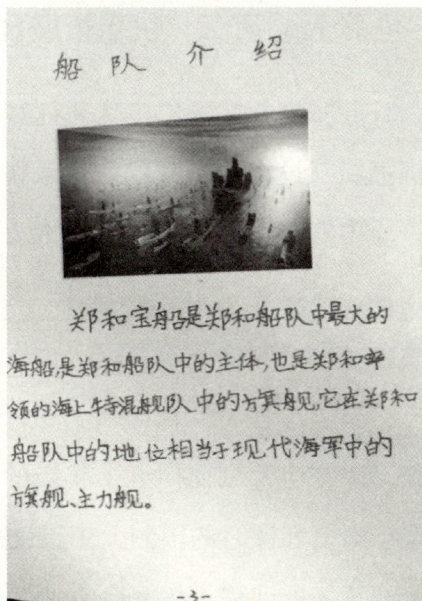

图2.22　学生作品:《航海博物馆社会实录》

41

第三章
家校共育职业启蒙拓展课程

第一节　缘起与发展

一、缘起：周三"快乐拓展日"

上海市长宁区以"优化课程、减负增效、快乐成长"为主题，将每周三设定为全区的"快乐拓展日"，让学生在拓展课程中、在体验中实现个性发展，收获快乐。这与我校进行的职业意识启蒙教育，对学生进行自我认识、职业认识、社会性教育的主旨不谋而合。

小学部在三、四年级开设了"职业意识启蒙"课程后小有收获，课题组筹划面向五个年级的学生进行"职业意识启蒙"。但局限于师资和课时的限制，于是设想借助家长志愿者的力量，开设家校共育拓展课程，拓宽启蒙学生职业意识的途径，以促进学生自主发展和社会性发展。

小学部各班级坚持开展"家长进课堂"的活动，每个学期，每个班级都会定期邀请有兴趣、有热情，且乐于进课堂与孩子们分享故事的家长。家长在课堂上和孩子们聊聊自己从事的职业，聊聊孩子们对这一职业感兴趣的话题，或是向孩子们说说自己成长的故事……"家长进课堂"的活动拓展了孩子们的眼界，丰富了孩子们的课外知识。

经过商讨，2015年起，家长志愿者开展了系列讲座（见表3.1）。

表3.1　2015学年建青实验学校小学部部分家长微课堂内容

序号	内　　　容	授　课　者	地　点
1	法与法官	魏慕蓉妈妈	教　室
2	I don't want to get out of bed	李友友妈妈	教　室
3	哆啦A梦	朱宇涵爸爸	教　室
4	污水处理——保护水资源	叶稼轩爸爸	教　室
5	钟的历史和制作	黄羿爸爸	教　室
6	水压实验	赵子杰妈妈	物理实验室
7	昨天、今天、将来	居梓翰爸爸	教　室
8	计量	熊怡敏爸爸	教　室
9	国门之约	刘茂杰爸爸	教　室
10	纸韵	薛奕桐爸爸	小剧场

二、家长课堂成型

（一）成立家校共育的"教育伙伴"团队

通过前期小学部家校共育实践，我们发现，学校、家庭、社会"三位一体"的育人机制是学校教育的重要补充，但在现实中三者之间的沟通、合作的方式和主观愿望的不稳定，也是家校共育的局限所在，而且三者在开展学生教育教学活动时，容易忽略孩子在成长中自我实现的需要和主体地位，影响育人效果。

按照人本主义教学观理论，真正的学习涉及整个人，而不仅仅是为学习者提供事实。联合国《儿童权利公约》和我国《未成年人保护法》把孩子作为一个平等的人来尊重，但是老师、父母在生活中，比较注重从保护孩子的角度去关注其生命权、受教育权和隐私权，而孩子自身的权利，如参与权、话语权，都没有受到充分的尊重。

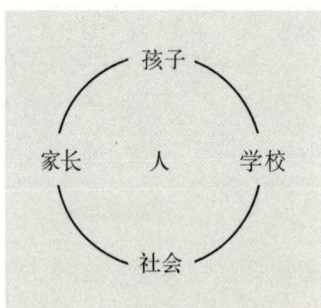

图3.1 "教育伙伴"团队

基于上述认识，我们将家校共育的任务明确为：不断提高受教育者的主体意识和能力，并让其成为进行"三自"教育（自我教育、自主管理、自主发展）的主体。因此，我们联结孩子、教师、家长、社会四个核心因素，搭建家校共育的平台，成立"教育伙伴"团队对孩子进行教育（见图3.1），达成学校有需求、家长有回应、社会有支持的互助式循环。

我们将"教育伙伴"团队成员进行了分类，进行分工合作、整合资源。

（二）研发拓展课程

在围绕《长宁区家校共育计划实施意见》开展家校共育工作的

委员：刘仁杰
（大队辅导员）——建青小记者

委员：邵璐璐
（未保老师）

委员：阎骐
（教导主任）

委员：阮杰
（社区指导）

主席：颜洁
（小学部主任）

委员：滕飞
（校外辅导员）

媒体信息部
田百灵（部长）

主席：李栋
（上海公民
警校警官）

志愿服务部
林佩宣（部长）

资源保障部
苏俊华（部长）

课程开发部
李彩云（部长）

成员：王才平
（一年级年级组长）

成员：叶峥
（二年级年级组长）

成员：陈薇薇
（三年级年级组长）

成员：钟培琴
（四年级年级组长）

成员：刘金晔
（五年级年级组长）

二十六位
班主任

一年级家长：蒋娅娅
二年级家长：陈淑
三年级家长：谭春
四年级家长：汪冬梅

二十一位班级
媒体信息部成员

一年级家长：张艳
二年级家长：刘圆圆
三年级家长：傅晓来
四年级家长：肖俊

二十一位班级
志愿服务部成员

一年级家长：唐发强
二年级家长：王震凤
三年级家长：王玲
四年级家长：陈渔

二十一位班级
资源保障部成员

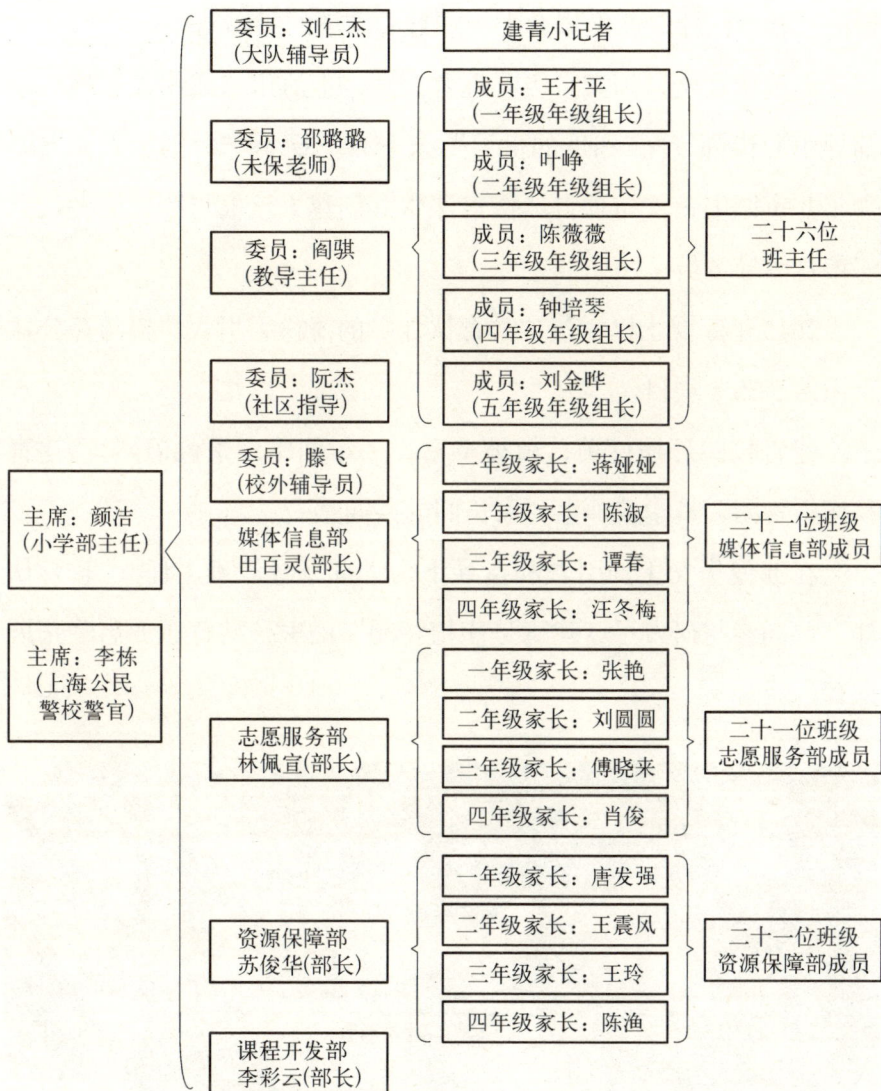

图3.2 2017学年家校共育人员框架和分工

过程中，在"家长进课堂"的基础上，我们借助家长、教师及关心教育人士的力量，助力推进"教育伙伴"成为家校共育职业启蒙拓展课程的引进者、开发者、授课者。

小学部第一个家校共育的职业启蒙拓展课程的研发，要感谢我们的"教育伙伴"苏俊华女士（顾舒心同学的妈妈）。

苏俊华女士，国家二级心理咨询师，上海市未成年人心理健康辅导中心讲师，"布和瓜的世界"亲子自然探索平台创始人，上海少年儿童图书馆"布瓜自然探索课堂"创建人，根与芽志愿者，上海市自然导赏员（2016届）。

2015年苏女士以学校"教育伙伴"的身份，引入"根与芽公益组织的YES"项目。

建青校园环境优美，植被丰富，一年四季，景色迥然。"建青是座植物园"是学校师生和家长们的共同感受。

在苏俊华女士的引领和指导下，学部领导、班主任、"教育伙伴"共同参与研发了"建青是座植物园"的家校共育职业启蒙拓展课程。

图3.3　苏俊华女士和孩子们在建青校园（右一为苏女士）

图3.4 建青家校共育课程展示

"教育伙伴"们共同参与集体备课、研课。大家分工明确，有人专门制作课件，有人专门负责课堂讲授，有人专门负责材料采购，有人全程参与摄影，还有人负责媒体后期的报道等，最终确立了"共享公共职能、主力打磨带课讲师"的模式，使"教育伙伴"参与的人数精简且具有实效。

具体的做法是：在项目的最开始，召开动员大会组建团队，确立目标——为孩子们打开一扇探索和了解自然的窗户；然后安排共同备课，准备完善的"根与芽"的课程资料，为"教育伙伴"们提供了有利的帮助；在此基础上结合"建青植物园"的特色，因地制

图3.5 "教育伙伴"给孩子们上"建青是座植物园"的课程

宜地进行改良。我们对备课的要求很严谨，每位进课堂讲课的"教育伙伴"都要进行试讲，其他伙伴作为听众提出建议，对教案进行修改，最后定制本课的课件。每一次授课结束，"教育伙伴"们还会留下来作交流，分享课堂上的感受，提出改进的设想，这个过程是非常有意义的。在学期结束的时候，会对本学期课程进行总结，对下学期的课程进行规划。

（三）构建五大系列课程

接下来，我们以"建青是座植物园"的家校共育职业启蒙拓展课程作为示范，将课程构建模式辐射到其他年级。

以年级为单位，发挥各年级"教育伙伴"的优势，开设了各具特色的家校共育职业启蒙拓展课程，在各年级落实"共享公共职能、主力打磨带课讲师"的模式，构建起小学部家校共育职业意识启蒙的课程群。

各年级家校共育职业启蒙拓展课程着眼于孩子的发展，以提升孩子的职业意识为目标，进行家校共育课程建设，这一全新理念和模式的引入，不仅丰富了教育资源，也给职业启蒙的课堂注入了活力。系列课程引导孩子自主进行综合性学习活动，课程的设计基于孩子实际经验，密切联系孩子的生活和社会实际，通过多样化的实践性学习，如探究、调查、访问、劳动实践和技能实践等，让孩子们亲历和体验实际的活动过程。

系列课程使孩子得以系统地了解多样的职业生活，帮助孩子初步形成个人发展目标，为孩子发展提供更广阔的空间，激发他们去了解自己和发现自己，促进他们的社会性发展。同时，培养和发展孩子解决问题、动手实践、规划决定和综合实践的能力。实现课程开发与学生职业意识启蒙的无缝对接。

"教育伙伴"形式的引入进一步促进了家校合力，大大丰富并推动了小学部的职业意识启蒙教育，建构的家校共育职业意识启蒙的课程群潜移默化地开拓了孩子的视野，引导孩子了解自己的兴趣、认识自己的能力、发展自我与他人合作的能力。

表3.2　2018学年五大拓展课

年级	系列课名称	课　程　目　标
一年级	小企鹅爱科学	用科学的钥匙开启未来世界
二年级	青青蝴蝶园	亲近自然，寻求梦想
三年级	金融财商	精神财富比物质财富更重要
四年级	建青是座植物园	为孩子们打开了一扇了解并探索自然的窗户
五年级	儿童安全	尊重生命，关爱自己

图3.6　一年级"教育伙伴"开展"小企鹅爱科学"课程的课堂教学

图3.7　二年级"教育伙伴"开展"青青蝴蝶园"课程的课堂教学

图3.8 三年级"教育伙伴"开展"金融财商"课程的课堂教学

图3.9 四年级"教育伙伴"开展"建青是座植物园"课程的教学

图3.10 五年级"教育伙伴"开展"儿童安全"课程的教学

第二节 家校共育职业启蒙拓展 课程的模式建构

一、理念

学本精神。职业启蒙拓展课的首要原则是为了孩子的成长，不仅是为了他们现在的功课学习，也要适应他们当下的心理特点与需要；不仅为了近期的成长，也放眼未来的发展需要。家长、学校、社区的教育合作是以孩子为中心展开的。

快乐成长宗旨。理性的教育追求要联系孩子的实际，要根据孩子们的兴趣和心理接受度来确定课程的目标、内容和学习活动形式。在同等条件下，我们优先选择孩子们喜欢的、趣味性更强的内容与形式，如故事讲述、实物展示、动手操作与体验、互动交流、游戏等。

校情原则。课程开发过程、目标与内容的确定、实施的途径与方法、时间进度的安排，都要切合我校学生、老师、家长和社区环境的实际。要根据这些实际考虑我校学生学习发展的需要，应达到怎样的目标水平，选择怎样的主题、素材、活动形式等。比如我校内外的绿化很好，我们就优先选择动植物探索主题；我校家长中商界精英比较多，我们就开设了少年财商系列课。

专业度。虽然我们可以选择的课程主题很多，但如果条件不成熟，我们并不勉强，而是待开讲者、课程材料、活动设计等方面达到一定的专业水平之后，再组织实施，以确保课程质量和孩子们的参与热情。这是家长、教师、社区乃至孩子充分参与、共同把关的过程。比如，对于特定主题，我们尽可能请内行的家长来主持，选取的主题、素材也尽可能接近现实，学习活动的设计也要反复推敲，力求切实有效。

二、课程开发机制

组织保障。我们组建了家校共育职业启蒙拓展课程的专门组织，由骨干教师和家长领头，分多个部门共同策划组织不同的系列课程。除了日常的活动组织，他们还定期专门研讨，以策划和落实重大事项和阶段性事务。

多元开放。家校共建组织是一种网络枢纽，它不仅联络并持续联络家长们，也通过他们联结到商业组织、专业机构、高校乃至国际机构。

广泛动员，责任分担。虽然在初期，教师与家长骨干会在家校共育课程中发挥重要作用，但是我们的追求是让尽可能多的家长、老师和孩子参与。这不仅是一种责任，也是一种权利和机会，每个人参与进来后，都有他们可说、可做、可自豪之处。目前参与家校共建课程的家长数量达到了一半左右，我们最终的目标是全员参与。

渐进推广，持续完善。建成一个系列就实施一个系列，如果一个系列只建成了一个主题，就实施一个主题。不求全，也不求一步到位，而是以滚雪球的方式，循序渐进地建设更完备、更系统的课程。初期，建成的课程比较少，我们就一个月实施一次，然后是两周一次，最后是一周一次。一开始只能在一个年级开设，最后再逐步推广到其他年级。这样不仅能保证课程的质量，也能推动课程持续改进。

三、课程体系与特色

家校共育拓展课是一种多元、开放、持续建构的课程体系，它既是职业意识启蒙课的拓展，也是各科文化课的拓展，同时又是孩子、教师、家长、学校和社会职业人士之间的纽带。

到目前为止，虽然职业启蒙拓展课只是初成体系，但已经体现出预想的完整结构（见图3.11）。尊重个性与潜能的多元，推崇和谐、快乐发展的教育理念是我校教育工作的核心，而最直接体现这一核心的就是职业启蒙核心课程。学校日常各科文化课、班主任工

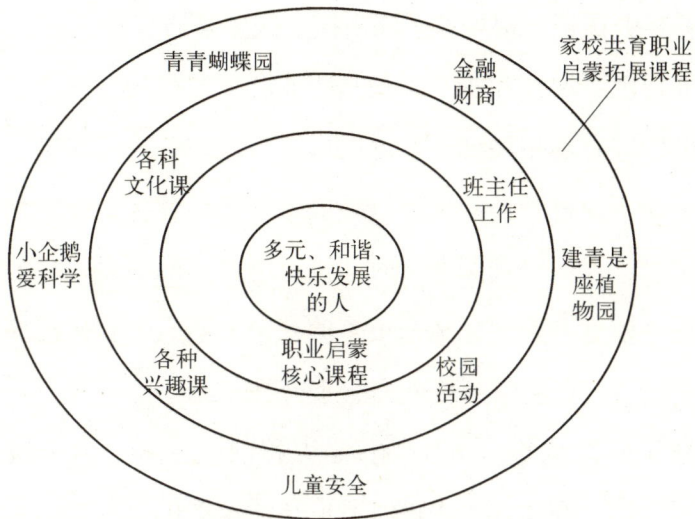

图3.11　职业启蒙拓展课程体系

作、兴趣选修课、校园活动则是在职业启蒙课的指导下，进行优化和整合，而家校共育职业启蒙拓展课更加开放而活泼，它能作为学校原有课程的补充和深化，同时能进一步满足孩子们多样化的兴趣与需求。

后面将分章分别阐述家校共建职业启蒙拓展课程，这里先简单阐述一下这些课程的总的特点。

专业特色。每个系列课程都聚焦一个专门领域，由擅长这一领域的家长负责开发适合实施的课程，同时经由教师和孩子的参与，把专门的知识经验转化为教育型课程——主题明确、生动活泼、切合孩子年龄、经验和心理特点的教学单元。

趣味活动特色。根据孩子们的心理特点、经验基础与兴趣偏好，进行课程主题的选择、素材的选取与组织、学习活动的设计，以及活动场地、材料与工具的准备。比如启发性的主题、情节性故事、新奇的实物、活动参与和互动交流、挑战性的激励或竞赛等，就是能够吸引孩子、引导孩子深入探究的要素。

延伸特色。课堂和骨干师长是职业启蒙课程的枢纽，但并不限于此，可以进一步拓展到更广泛的内容与时空。比如课堂活动留有一定的余地，通过延伸的资源链接或课后活动建议，鼓励和支持孩子们在家里、社区再利用业余时间进行进一步的探索，必要时家长还可以提供线索和资源，请来更多的社会专业人士和机构参与到课程中来，或者把课堂带到校外的职业场所中去。

与孩子共同成长。虽然师长是课程的主导者，但是通过互动性的教育活动，在备课、上课、听取孩子反馈的过程中，师长也得到了启发和提高。比如一些专业水平很高的家长可能遭遇孩子们提出一些意想不到的问题，甚至被难倒，或者对于自以为很精通的项目，面对孩子却说不明白，这样就能发现自己进一步提升的空间。再如，有的家长对于成人专业工作世界很熟悉，一旦到了课堂，对课堂的对话交流、组织活动却犯了难，需要听取老师和孩子的建议。

第三节　收获与展望

一、收获

通过实践，小学部以家校共育课程的方式启蒙小学生的职业意识，收到很好的效果。从一开始的新兴教育模式，从无到有，从一个年级的一门课程发展到现在的五个年级都有各具特色的家校共育课程，得到了"教育伙伴"的鼎力支持，深受孩子们的欢迎。在拓展性课程中渗透职业意识启蒙中"社会性发展"的元素，充分尊重孩子的自由，拓宽孩子的自我认识、自我思考的时间和空间，并给予孩子更多基于他们兴趣爱好的培养和施展的空间，使孩子们受益匪浅，并取得了很好的教育效果。

（一）丰富了教育资源

在课程实施和深入的过程中，教师们大开眼界，切实感受和体会到课程的开展给孩子带来的改变，并更积极地摸索从更多的角度对学生进行教育，而不拘泥于学科教学和班队建设这一传统角度。

家校共育职业启蒙拓展课程意在补充和拓展职业意识启蒙校本课程，原本受到课时、师资不足的局限，但学校、家庭、社会有机结合起来，广泛动员各种资源，以求共同为孩子营造快乐成长、和谐发展的教育环境。这些系列课程如果仅仅靠学校是没法开发和实施的，但通过家校共育，不仅争取到了家长的参与，也通过家长进一步调用了社区和各界专业机构的资源。目前参与这类课程的家长已经超过50%，今后参与的家长会更多。

三年级有一节课是教授学生如何进行简单急救的判断和操作，课程的助教家长就是专业的外科医生，给了研发团队非常多的专业建议。还有一次，我们的一位警官家长主动请缨上一节拓展课程，而且在授课前积极要求说课，请老师们给予指导和建议，力求尽善尽美地完成授课任务。这位家长严谨的态度，获得了所有在建青授课的家长志愿者的称赞。

另一个方面，家长作为志愿者参与课程，也是一次非常好的宣传。通过参与课程，为校方、课程做了多方面的积极宣传，起到了良好的传播效应。

图3.12 五年级"教育伙伴"进行"儿童安全"课程说课

图3.13 五年级"教育伙伴"进行"儿童安全"课程课堂教学

2018年，上海公民警校受上海市青少年权益和服务保障办公室委托，参与起草了青少年安全课程的标准化规范，并且在建青所在的虹桥街道设立全市第一个市民中心安全教室，在学校周边的长宁区虹桥街道、闵行区虹桥镇街道的几十所幼儿园、中小学开设常设安全教室，也为周边商务楼白领、社区居民提供周末家长安全课堂。上海公民警校少年警校负责人介绍说：

其实最初上海公民警校的首选学校并不是建青，是某中学国际部。经过几次课程后，发现国际部的学生其实在综合素质方面和国内学生还是有一定的区别，特别是安全教育的基本认知、家长的认同感和身体素质等方面代表性不强，所以就一直在全市寻找一个合适的学校。机缘巧合，建青进入了我们的视线。首先，这是一所15年一贯制的学校，学校的学生群体相对稳定，安全教育得以持续性实现；其次，建青的学生来源比较多源，有本市生源，也有国际生源，课程的设置可以多元兼备；最后，家长的综合素质也是我们的一个参考因素，建青的学生家长对安全教育有着强烈的认同。所以我们认为在建青开设安全教育试点非常合适。

安全教育，特别是青少年安全教育，近几年是全社会关注的热点话题。上海是一个超大型的国际城市，如何为青少年、家长和学校三方建立一个安全教育的平台，天时、地利、人和缺一不可。建青从2013年开始和公民警校一起研发针对当年入学的这批新生的安全系列课程，建青实验学校小学部的老师和公民警校的教官一起，各展所长，把专业的教育技能贯穿于严谨的安全系列课程之中。试点之初，教官们和老师们一起围绕安全意识的启蒙，从吸引孩子感兴趣的警察叔叔的装备入手，将课程目标定位为培养安全意识、提升防范和应对技能，授课方式活泼、生动。一到三年级划分为低年龄段，课程以互动游戏为主，例如躲避歹徒袭击的"小鸡快跑"，也有应对突发事件的"人群挤压逃生方法"；四到五年级划分为高年龄段，课程以安全认知为主导，例如TALK APP，就是针对孩子刚开始接触网络，充满了好奇，对网络的认知有局限，很多不良信息渠道乘虚而入这一情况，课程研发团队认为这个课程类似于疫苗，能让孩子对网络世界的不可预见性有一定的了解，帮助他们形成良好的自我防范意识。

（二）增进了家长的教育热情和智慧

许多家长反映说，他们不仅参与了教育，也受到了教育，感受到教育的责任与意义，也改善了教育的观念与方法。

　　在校本课程的实施与推广中，家长不但成为拓展课程的引进者、开发者，学校文化建设的推动者，而且还成为校本课程的受益者。校本课程开发活动提高了家长的参与意识，改变了家长对自己孩子进行教育的理念。

　　　　　　　　——五（1）班教育伙伴　李栋（余砺杨妈妈）

（三）教师成长：送上门的家长课

教师虽然是讲学行家和某一学科的行家，但对于职业启蒙系列课程却大都是外行，而参与的家长却都是各个领域的行家。在参与合作备课的过程中，教师们不仅领略了家长专业行家的风采，在课程与教学设计方面，也常有意外收获，包括主题选择、材料选择、活动设计等方面，而且教育理念也受到家长的启发。

重塑自己的教育教学工作，更加理解教育的重点是关注孩子的全面发展，盘活他们自主学习的时间、自由活动的空间，注重联系孩子的生活世界，关注孩子的需求；开始思考教育教学要着眼于孩子未来的发展，要增设孩子的体验环节，鼓励孩子用眼睛去观察世界，用耳朵去倾听世界，用体验去感受世界，多思考，多提问，多探索，多交流和表达；更加重视孩子人际沟通能力的培养，释放孩子的天性。教师们要从孩子的发展的大处着眼，比先前多了些灵动和开放的态度，不但关注孩子的过去、现在，还要想想孩子的未来。

——三（4）班班主任　朱艳

（四）拓展了孩子成长的时空

该系列课程既丰富了学部开展职业意识启蒙教育的途径，又极大地拓展了外延，打通了学校、家庭、社区之间教育交流的通道，连接了课内与课外的经验，把学科学习、日常生活、职业工作有机地结合起来，把孩子的个人兴趣和经验与社会的需求和条件联系起来，实现了整合效应。

比如，原来在许多孩子的心目中，学习、玩耍与职业工作是没有关系的，学习是为了考大学，玩就是为了满足一时的兴趣，职业工作只是遥远的未来赚钱和谋生的手段。但系统学习家校共育课程之后，他们意识到，学习是可以结合自己的兴趣与特长的，而现在的学习经验可以用到未来的职业工作中，未来的工作不仅仅是为了赚钱，同时也是满足兴趣、实现自我的舞台。甚至有的孩子还进一步对目前学习的各科内容提出与专业、职业相关的问题，并展开探究。

二、未来展望

虽然我校的家校共育职业意识启蒙课程已经发展了一段时间，但还有较长的路要走，我们将在以下几个方面进一步探索。

扩充和升级。虽然我校拓展课程已经初具规模，但仍有进一步拓展和提升的余地。比如我校拓展课程有的涉及情商与沟通、跨学科创客等内容，但尚未成体系。

向其他年级推广。现在是每个年级一套课程，如果每年都持续下去，每个孩子在我校读五年，就可以参加所有系列的课程。

利用更多的教育资源。今后我们一方面要争取更多的家长参与，另一方面要通过更广泛的联络，争取到更多、更高水平的专业机构与人士参与到课程建设中来，保证课程的专业水准。

建设精品课程库。每一系列课程建成之后，我们不会停步，而是要进一步收集和整理最新的专业资源和孩子们的反馈，对课程进行再设计和优化，精益求精，使之不断升级，最终建立一课多案的课程库。

与学科教学联结。这主要是我校老师要进一步提升的地方。随着我校老师生涯教育的理念与经验进一步提升，要把职业启蒙专门课与职业启蒙拓展课进一步整合或渗透，实现学科教学与职业启蒙的相得益彰：一方面学科教学得以拓展、深化和补充，另一方面拓展课程的新理念、新方法也可以运用到学科教学中，使学科教学与时俱进。

第四章
金融财商课程

第一节 课程设计：理念、
目标与内容体系

1997年，由美国商人兼作家罗伯特·清崎（Robert T. Kiyosaki）和莎伦·莱希特（Sharon L. Lechter）所写的《富爸爸　穷爸爸》[1]一书出版，成为畅销书，并占据《纽约时报》排行榜达六年之久。"不要做金钱的奴隶，要让金钱为我们工作"成为家喻户晓的财商理念。同年富爸爸财商教育（国际）培训有限公司成立，进一步引发了青少年财商教育热潮。2000年本书在中国出版，也促成了类似的财商教育热点。如今，青少年财商教育已成为成熟的教育课程。

---

[1] 罗伯特·清崎，莎伦·莱希特.富爸爸　穷爸爸 ［M］.杨军，杨明，译.北京：世界图书出版公司，2000.

一、金融财商课程的定位

财商是人们面对、解决金融问题的智慧，包括理解基本概念、分析相关现象、提出和解决相关问题、展望和规划金融事项等方面。它与智商、情商并列为现代社会中三大不可或缺的素质之一[1]。

虽然小学生职业经验有限，但也可以结合生活与职业实际对他们进行财商启蒙教育，播种财商的种子，培养相应的意识与技能。因此在许多欧美国家，父母从孩子3岁起就开始对他们进行财商教育。财商启蒙教育不但要教孩子们钱、市场、价格制定等经济学的概念，而且要让他们具备使用财富的智慧和能力，树立正确的金钱观、人生观与价值观，让他们懂得爱自己、爱家人、爱社会，并且能够以更加积极、自信的心态面对未来。

二、课程目标：培养孩子面向社会和未来的商业基本素质

我们开设金融财商课程的基本目的就是培养孩子们的基本财商素质，具体的目标包括：（1）形成对金融事项的兴趣与意识；（2）运用金融的基本概念分析和处理当前面临的金融事项；（3）审慎地观察、思考金融机制的意义与限制；（4）对将来的金融生活进行初步的展望和规划。

虽然金融是一个专业性很强的领域，但我们并不太强调概念与理论的系统性，而是基于孩子的年龄、心理偏好、生活与经验基础，选取最基本的金融概念，结合具体而有趣的金融事项或问题，

[1] 王卓琳.哈佛财商课大全集［M］.北京：新世界出版社，2012：7-8.

从具体经验出发，启发孩子们关注与思考的兴趣与意识，进而把思考的结果用于处理和改善自己可能遇到的相关事项。

三、课程框架：由近及远、从认识到行动的内容体系

我们从两个方面规划金融财商课程的内容范围：一是金融事项的范围，由小到大，孩子们自己、他们的家庭以及企事业单位和社会；二是孩子们对金融现象与问题的理解和参与的程度，依次是认识与理解、日常管理与行动、超越性的思考与行动（见表4.1）。而兴趣与观念的启发则渗透于教学的全过程。

表4.1　金融财商课程的内容框架

能 力 模 块		金融主题范围		
		我自己	家 庭	社区/社会
认识钱与财富		我的零钱	家庭存款的管理	社会财富
财务分析与管理	学会花钱	合理花钱	家庭必需品与奢侈消费	财政支出与耗费
	学会赚钱	节省与赚钱	父母收入	经济增长
无形的"投资"	可持续经营	志愿者	家族慈善项目	社会可持续发展

表4.1中列出的主题项目有大有小，大的主题可以上2—4次课，如"节省与赚钱"等，小的主题，如"我的零钱"则一次课就可以完成。

除了课堂上学习之外，我们还设计了一些有趣且孩子们力所能及的财商管理项目，供孩子们在个人与家庭生活中实施，如超市购物、帮爸妈算算账、做一本个人账本、爱心行动等。

图4.1 建青小学部主任颜洁带嘉宾参观三年级"金融财商课程"成果展示

图4.2 三年级孩子的"金融财商课程"义卖活动

图4.3　三年级孩子的"金融财商课程"拍卖活动

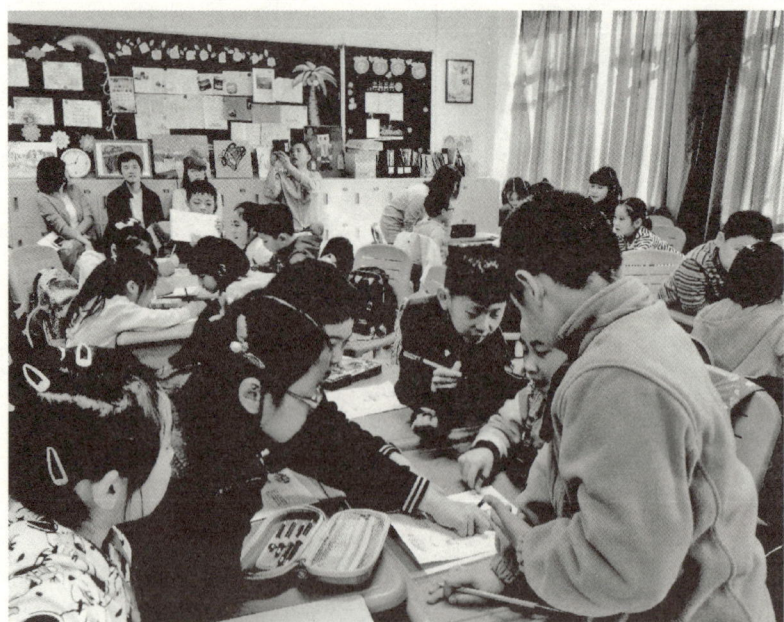

图4.4　三年级孩子的"金融财商课程"课堂活动

第二节 课程实施与案例

一、金融财商课程实践的总体要求

金融财商课程的实施主体是家长志愿者，教师在课程与教学设计方面给予指导，孩子们以班级为单位参与。家长群体、相关教师、孩子们之间互动与支持的程度与质量，课程主题切合孩子的需要与兴趣的程度以及调用身边教育资源的程度，都是课程开发与实施的重要影响因素。在课程的实施和进展过程中，我们形成了以下经验：

以相对集中的主题组织课程单元。我们在实践中体会到，要把财商课上得切实有效，又能吸引孩子们，就需要把三方面的因素联系起来，即孩子的兴趣与经验、财商核心概念以及真实生活与工作实践中的现象与问题（见图4.5）。切合孩子们的兴趣他们才能感兴趣，不脱离他们的经验，他们才容易理解和接受；课程中要落实财商的核心概念，教给孩子们最有价值和力量的财商知识才能有效地提升他们的财商水平；结合生活与工作实践中

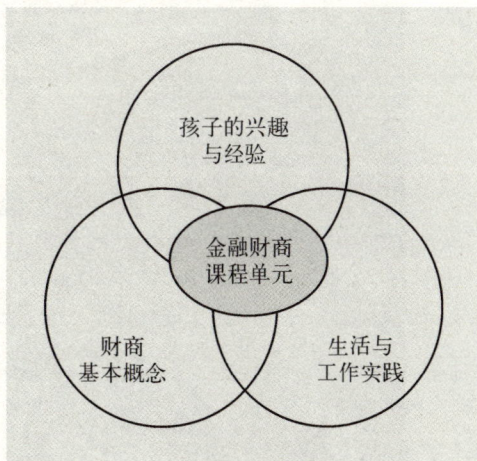

图4.5 金融财商课程单元的要素

的现象与问题，才能帮助孩子们从获得知识上升到获得能力，把财商知识用到实处。

充分利用身边的教育资源。充分、多元的教育资源是课程质量的重要条件。我们调用的资源，除了家长及其联络的社区人士，还有商品目录、账单、钞票等实物，以及绘本、生活案例故事、视频等资源。这些资源不仅来自教师与家长，也随时向孩子们征集。

图4.6 "教育伙伴"与三年级班主任进行"金融财商课程"研课和磨课

图4.7 三年级孩子的"金融财商课程"课堂活动

选取直观、有趣的素材。针对孩子和课程主题的特点，我们优先选用直观、有趣、便于启发孩子们应用和尝试的实物、案例，提出相应的问题和任务，以便激发孩子们的好奇心与行动力。

图4.8　三年级孩子的"金融财商课程"课堂活动

图4.9　三年级孩子的"金融财商课程"课堂活动

鼓励孩子学以致用。 小学财商教育的目的不是培养金融专门人才，而是普及财商素养，即每个人必备的财务管理和规划的意识与能力。这不仅需要让孩子们了解一些常识与概念，更要播下财务管理态度与能力的种子，而态度与能力的培养不能停留于理论说教之上，还必须通过特定情境的体验和行为的强化，才能达成。因此，无论在课堂上，还是在课外，鼓励孩子们进行力所能及的行动尝试是必需的。

以上是上财商课的一般要求，下面再举例说明财商课是如何具体实施的。

二、金融财商课程课例

学会花钱：从案例故事中发现与解决问题。 小学生虽然个人财务项目简单，增加收入的机会更少，但消费事项却是常常遇到的。从消费问题切入，比较容易唤起他们的财商意识，经过讨论与反思，还可以提升合理消费的意识与技能。

····· **课例 5** ·····

个人的合理消费

课程模块： 学会花钱

课程时间： 1 节课

课程材料： 钱、纸与笔、绘本《大方公主》、记账单

生活情境：

不少孩子往往凭着一时的兴趣或冲动购物，买来

的东西却未必派得上用场，造成浪费；虽然孩子有零花钱，但缺乏独立的财务管理意识，零花钱用完了就向父母要，以至于不知道自己究竟花了多少钱，更没有节约或让钱增值的意识。

课程目标：

1. 体会零花钱的意义。

2. 区分消费中的需要与想要。

3. 形成个人财务（零花钱）的规划与管理意识，做钱的主人。

课程流程：

1. 请孩子阅读绘本《大方公主》之后，小组讨论以下问题。

（1）公主为什么买那么多东西？

（2）国王和随从为何烦恼？

（3）判断公主是否买得太多的标准是什么？

2. 小组代表汇报，归纳核心概念。

（1）需要与想要有什么区别？

（2）消费时，如何对待需要与想要？

3. 教孩子认识和使用账单。

（1）每组发一份个人账单事例，请孩子辨别出原有金额，余额以及收入和支出项目。

（2）每人发一份空白账单，请孩子尝试列出过去一周内自己的收入与支出项目明细。

（3）同伴互换账单，交流经验与教训。

4.总结与建议。

（1）请孩子们用一句话说出自己从这节课中学到了什么。

（2）下次去购物前，请孩子列出自己真正需要的东西，控制好"想要"的购物事项。

（3）建议每个孩子准备一本账本，记录和计算下一周及以后的收支账目。

附：超市购物记账单

超市购物记账单	
从小就开始使用记账单的人，未来也会有计划地使用大笔金钱。	
（　　　　）年（　　　　）月（　　　　）日	
购买物品名称	支出金额（元）
食品类	
文具类	
用品类	
电子产品类	
（　　　）类	
合计金额：	
收入：　　　　支出：	收入－支出=结余：

通过这节课，孩子们从司空见惯的消费现象中，发现了其中存在的问题，确立了合理消费的观念，并通过尝试使用记账单获得了消费管理这一实用技能。

图4.10 "教育伙伴"进行"金融财商课程"说课

图4.11 "教育伙伴"进行"金融财商课程"课堂教学

学会赚钱：通过行动尝试体验赚钱的意义。小学生虽然还小，但也可以通过一些力所能及和适当的方式赚钱，比如卖掉自己不需要的东西，做一些有意义的事情，存钱或投资等。通过这种尝试，孩子们不仅可以领会"财富＝劳动＋智慧"，还可以进一步体验到赚钱的辛苦与成就，也能学会珍惜物品与服务。

课例 6

钱 从 哪 儿 来

课程模块：学会赚钱

课程时间：2节课

课程材料：钱、纸与笔、绘本《大方公主》、记账单

生活情境：

不少孩子需要钱时，就向父母要，却很少过问父母的钱是怎么来的，更不知道父母赚钱的过程与辛劳，这样不利于培养孩子尊重他人劳动、节约用钱的意识，更难以发展孩子赚钱的意识与能力。

课程目标：

1. 发现增加收入的方法和渠道。

2. 体验赚钱方法与意义。

3. 认识捐助与义工的价值。

课程流程：

1. 小组讨论。

（1）钱从哪里来，如自己的零花钱、父母的钱等。

（2）赚钱的方法和渠道是什么？

2. 小组策划：小学生可以怎么赚钱？

（1）卖什么东西？

（2）付出什么劳动？

（3）怎么投资，怎么存款等？

3. 举办校园实物与服务交易会（课外准备，上课时举办）。

4. 总结交流获得、付出与体会。

图4.12 "金融财商课程"的义卖实践活动

图4.13 "金融财商课程"的义卖实践活动

第三节 总结与展望

一、收获

　　财务是人生规划与管理的重要内容之一。家校联手打造的金融财商课程，不仅让孩子们受益，家长和老师也在与孩子们的互动过程中得到了共同的成长。

　　激发了孩子们理财的兴趣与行动。 孩子们不仅热情地参与了金融财商课程的课堂活动，而且课后也能在生活中践行，在兴趣、理解、行动等方面都有了积极的变化。孩子们不仅形成了新的消费习惯——事前规划，只买需要的，过程中货比三家，作最优决策；也增强了节约意识和劳动兴趣，还有的孩子尝试了储蓄。

动员并带动了家长。不仅参与策划和主持金融财商课程的家长一显身手，并在行动中逐步提升了诸多能力，其他家长也通过观摩、配合和支持孩子的财商学习与实践，认可了财商教育的价值，体会到财商教育的效果，他们自己在财商意识与技巧方面也得到启发和改善。

拓展了教师的经验。有的老师反馈说，在与家长合作设计和实施金融财商课程的过程中，被家长们的热情和智慧所感染，不仅知识结构得到了完善，在课程内容选择和活动设计方面也拓展了视野，这些经验不仅有助于提升财商课程质量，也可以借鉴到自己的科目教学中。

二、展望

向其他年级普及。目前我校金融财商课程主要是在三年级实施，四、五年级的孩子也有必要掌握财商的一些基本态度、理念与技能。但是三年级孩子的生活环境、年龄、经验、偏好等方面，与四、五年级的孩子可能有所不同。为此，我们需要在对四、五年级孩子摸底调查的基础上，争取到他们家长的支持与参与，以便金融财商课程在四、五年级得到有效的实施。

构建金融财商实验室。财商课要上得有趣且有效，就需要配备相关的课件、教具、材料库，如（仿真）钞票、票据、账单等。到目前为止，我们已经积累了一定的软件与硬件材料。下一步可以把已有的成果汇总起来，进一步丰富，建立一个财商实验室，便于以后上课时集中调用。

校外金融财商拓展项目。课堂教学虽然取得了一定的效果，但财商教育的最终目的是让孩子在日常生活中活用。因此，利用假期或业余时间，通过家校合作鼓励和支持孩子开展一些财商探索与行动的小项目，不仅可以帮助孩子巩固所学的财商知识和技能，也可以进一步发展孩子们的财商潜能。

第五章
小小科学家
——科学拓展课程系列

　　科学拓展课程是我校普及面最广的职业启蒙拓展课程，一、二、四年级都开设了，课程名称分别是"小企鹅爱科学""青青蝴蝶园""建青是座植物园"。本章将结合案例说明这类课程的开设情况。

第一节　课程理念与设计

一、科学拓展课程的理念

　　根据我国小学科学课程标准，小学科学课是以活动探究为主要方式的普及性的综合实践课程[1]。为了有效地实施该类课程，我校在以下几方面进一步强化了校本特色：

---

[1] 中华人民共和国教育部.义务教育小学科学课程标准［EB/OL］.http：//www.pep.com.cn/xh/kpjyzwh/kpjxzy/kpjyxg/201807/t20180725_1927216.shtml.2017：1-4.

凸显科学理念与方法。随着当代科学的快速发展，科学知识的量已经大得不可思议，全面掌握科学知识已经不可能，而且知识更新的速度之快，也大大降低了掌握已有知识的意义，发现知识的意义日益凸显[1]。虽然科学教育会向孩子们传授科学知识，但科学知识本身并非第一目的，第一目的是发现和运用科学知识的理念与方法，即科学工作的精神、方法与态度，即求真的基本态度与能力。从这种意义上说，方法比知识内容更重要，过程比结果更重要（见图5.1）。

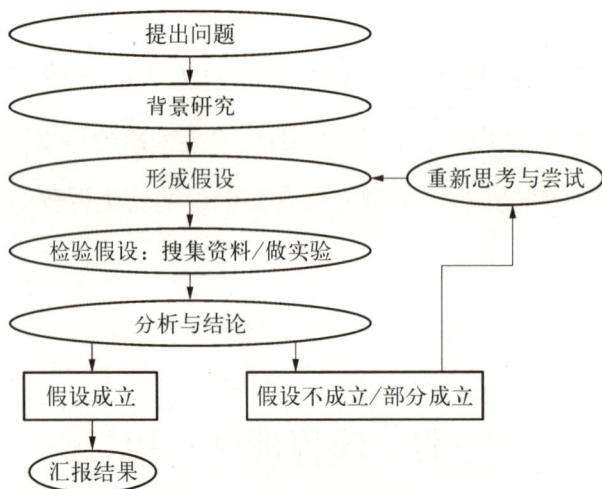

图5.1　科研工作的程序[2]

面向社区与未来的开放性课程主题。既然是拓展课，我们就要因地制宜，立足家校的具体环境与条件，发动教师、家长和孩子们的积极性和能动性，选择易行的探究主题，再加以整理与设计，构

[1] 卡尔·R.波普尔.科学知识进化论［M］.纪树立，译.北京：三联书店，1987：1-12.
[2] 华盛顿大学.MIDTERM课程［EB/OL］.（2008-04-08）［2019-06-11］.http：//courses.washington.edu/esrm430/midterm.html.

成几个课程系列，分别在一、二、四这三个年级实施。实施的主体是各年级的家长志愿者，教师担任教学设计顾问的角色。通过面向社区将孩子与社会联结起来，通过面向未来，为孩子们未来的学业与职业作好适当的准备。

主题探究活动设计。每个课程单元除了选材直观有趣之外，我们特别强调，让孩子们通过参与这些学习活动，在动手、体验、观察中掌握科学的知识、观念与态度，并通过延伸性的启发与建议，鼓励他们在课后继续观察和思考科学现象与问题。除了注重培养孩子的独立观察和思考的能力，还注意通过小组作业，鼓励孩子们之间进行合作与交流，这样既能让孩子们通过交流学到更多的知识与经验，也能帮助他们提升社会沟通与合作能力。STEM课程之所以日益流行，正是因为它以问题或任务为中心，通过小组探究活动项目（PBL），让参与者充分体验科技探究的过程与方法，掌握科技研究与开发工作的动力性和方法性经验，以及跨学科的知识与经验。

情趣化。所谓情趣化，就是结合孩子的年龄特点和需要，把课程内容以孩子们情感上喜欢、易理解、易接受的方式呈现。比如，以拟人的方式来表达小企鹅、毛毛虫的生命世界，以拉近自然与孩子们之间的距离；用绘画、讲故事的方法来描述自然现象，以增强表述的直观性和易理解性。

二、目标与内容结构

我国小学科学教育课程标准从知识的心理表征和知识的领域两

方面规定了教育目标[1]，其中包含了探究过程与方法性的要求，以及科学态度兴趣方面的要求。而美国国家科学院则从科学与工程的实践过程与方法、跨学科概念、学科核心理念三个维度规定了科技教育的目标[2]。

这些文件启发我们：优化科学学习的过程与方法是未来发展的必然要求；科学精神与兴趣的培养对教学活动的设计提出了更高的要求。只有优化教学活动安排和环境选择与创设，才能有效地达成核心知识、方法能力、态度培养的目标。

表5.1　科学课程的目标框架

领域与内容维度的目标			过程维度的目标
跨学科概念		1. 模型	1. 过程与方法
		2. 变量关系：相关、因果	（1）提问
		3. 规模、比例、数量	（2）探究计划
		4. 物质与能量：流动、周期、守恒	（3）资料搜集、选择与分析
		5. 结构与功能	（4）设想和运用模型
		6. 稳定与变化	（5）观察与测量
各学科核心概念*	物理学	1. 物质及其互动	（6）实验/调查
		2. 运动与静止：力与互动	（7）展示/说明与论证/论辩
		3. 能量	2. 态度
		4. 波及其应用	（1）兴趣与好奇
		5. 传导	（2）诚实与精确
	生命科学	1. 从分子到组织：结构与过程	（3）努力与坚持
			（4）认同科学的意义
			（5）整洁与健康的生活
			（6）大胆假设与尝试的勇气

[1] 中华人民共和国教育部.义务教育小学科学课程标准［EB/OL］.（2018-07-25）［2019-06-11］.http://www.pep.com.cn/xh/kpjyzwh/kpjxzy/kpjyxg/201807/t20180725_1927216.shtml.

[2] Committee On Conceptual Framework For The New K-Science Education Standards. A Framework for K-12 Science Education: Practices, Crosscutting Concepts, and Core Ideas. Washington D.C.: National Academy of Sciences.2012: ES-3.

领域与内容维度的目标			过程维度的目标
各学科核心概念	生命科学	2. 生态系统：互动、能量与动力	（7）感恩和向往科技工作者的工作 （8）批判性思维 （9）沟通与合作 （10）耐挫力
		3. 遗传与变异	
		4. 生物进化：统一性与多样性	
	地球与太空科学	1. 地球在宇宙中的位置	
		2. 地球系统	
		3. 地球与人类行为	
	工程、技术与应用科学	1. 工程设计	
		2. 科学、技术、工程与社会的联系	

*注：出于小学阶段孩子年龄与能力的限制以及安全性的考虑，我们尽量少安排或不安排化学内容。

以上科学教育目标的要求，实际上拓展到了传统的教学范围：从教材到社区环境、从教师到孩子与家庭的生活、从单一学科到跨学科领域、从知识到方法与情感体验过程。为此，我们在课程与教学设计中作了以下尝试。

发掘生活情境中的主题与素材。善于发现问题，不仅是对教师和"教育伙伴"备课的要求，也是向孩子们提出的倡议与要求。问题的发现、界定、分析、解决贯穿于科学探究课程，因此问题就成了科学探究课的中心与线索。为了设计出有趣、有启发、有价值的探究主题，我们从以下几方面进行了努力：（1）借鉴以问题或项目为主题的项目式课程（PBL）经验。美国的科学、技术、工程和数学教育（STEM），欧洲的科学、技术、工程、艺术、数学多学科融合的综合教育（STEAM），以及工程、医学、法律、管理、设计领域广泛应用的项目式课程积累了很多经验，有待我们去结合小学教育的实际，加以借鉴与转化。（2）细心观察和积极思考周围的自然、社会与日常生活，从中提炼值得探究的问题。这些主题可以是已有的经验，也可以是待解决的问题。（3）从开放式讨论中发现新的问题。在科学探究课进行的过程中，我们鼓励孩子们多思考、多提问、多互动，一旦发现有价值且合适的问题，就在以后的课程中加以落实。

动员家长与社会专业人士参与。我们动员家长与社会专业人士参与，不仅在于鼓励家长助力，也在于提升科学教育的专业度和开放度，在更大范围、更高层次上开展科学教育。这种努力有助于以下几方面：（1）扩充场地、设备资料、人力等教育资源；（2）吸收各界智慧，更新和改善科技教育的理念与方法；（3）在孩子与成人、学校与社区、知识与应用、现在与未来之间搭建沟通的通道，从而为孩子们未来的学业与职业发展打好基础。

图5.2　孩子们在进行"小企鹅爱科学"的课堂实验活动

图5.3　"教育伙伴"进行"小企鹅爱科学"的备课活动

活化单元活动设计。以主题为核心的探究活动，是科学课程的基本形式。这种活动单元的基本要素包括：（1）活动主题，即待探究的问题或任务。（2）核心的科学概念，可以是跨学科的，也可以是单一学科的。这些概念不是直接告诉孩子，而是等待他们去发

图5.4　孩子们在进行"小企鹅爱科学"的课堂实验活动

图5.5　孩子们在进行"小企鹅爱科学"的课堂实验活动

图5.6　孩子们在进行"小企鹅爱科学"的课堂实验活动

现。（3）探究活动程序与方法，即指导孩子按照一定的步骤与方法进行探究活动，一般是动手操作的小组活动。（4）展示、交流与总结，即通过口头或书面的形式报告探究结果，归纳与反思探究发现，以待进一步探究的新课题。在这样的探究教学过程中，通过教师与"教育伙伴"鼓励性的倡导与反馈、同学们之间的沟通与支持，培育孩子们对科学探究的积极态度与体验。

倡导基于表现和作品的形成性反馈与评价。在学习结果的管理方面，我们淡化偏重考察知识信息的传统考试形式，而强调以孩子们的参与表现和代表探究结果的作品为依据，给予建设性的反馈。这样的反馈与评价重在孩子们的学习过程、方法与体验，而不是学习和记忆的知识量。

图5.7　孩子作品《小企鹅爱科学》

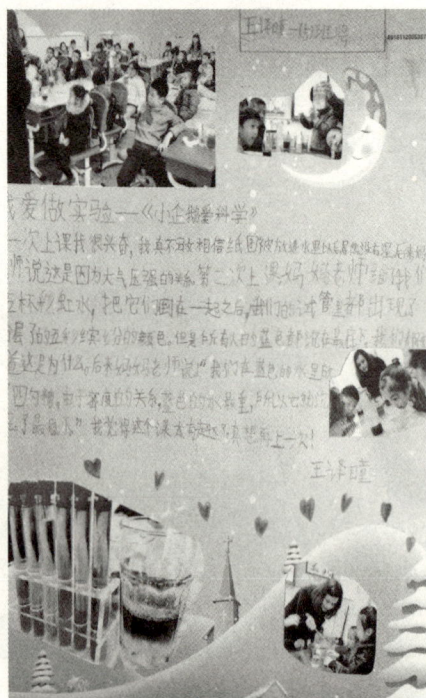

图5.8　孩子作品《小企鹅爱科学》

第二节 课程实施与案例

科学探究主题课程，分别作为"小企鹅爱科学""蝴蝶园""建青是个植物园"三个系列，在一、二、四这三个年级实施。下面分别举例说明。

一、一年级"小企鹅爱科学"课例

课例 7

怎样更省力

课程模块：物理学（运动与静止——力与互动）

适用对象：小学一年级的孩子

课程时间：1 节课

课程材料：

每个小组一块橡皮（可以用废弃的自行车内胎剪成）、大头针、铁钉、一次性筷子。

生活情境：

生活中常用到压强现象，如气球被尖锐物戳破了，刀钝了切不了肉之类。但是孩子们却不了解其中的原理，更不会应用原理来解决问题。

课程目标：

1. 理解压强——力与接触面的关系。

2. 激发动脑思考、解决问题的兴趣。

3. 和同学一起想办法解决问题，体验合作的效果。

课程流程：

1. 老师交代每组活动的任务——在橡皮上戳个洞。

2. 每个小组发一块橡皮，让大家徒手尝试。如失败了，请孩子们想各种办法，并列出实施的情况。

3. 提供大头针、铁钉、一次性筷子，让各组选用，尝试戳洞。

4. 讨论：用什么戳洞最省力，用什么最费力？为什么？

5. 总结：压强及其决定因素。

6. 应用拓展。

（1）怎样防止你的充气玩具被戳破？

（2）刀不快了怎么办？

（3）在冰上溜冰时，冰突然裂开，怎么防止沉入水中？

图5.9 "教育伙伴"在"小
企鹅爱科学"的课堂
上进行实验演示

图5.10 "教育伙伴"在"小企鹅爱科学"的课堂上进行实验演示

一年级的孩子虽然经验与行动能力不及高年级，但或多或少都有一些科学常识，但多数限于间接经验，如关于浮力的常识可能是从曹冲称象或阿基米德与王冠的故事中获得的。无论孩子们有没有尝试过相关的操作，我们的探究拓展课都可以通过引导孩子们思考和解决实际问题，以及动手操作，深化和强化孩子们的科学知识与经验。

图5.11 "教育伙伴"在进行"小企鹅爱科学"的课堂教学

二、二年级"蝴蝶园"课例

二年级的孩子有了一定的思维、行动与表达能力，参与科学探究的余地更大了。除了观察、动手操作，也能探究一些简单而不确定的问题，也能通过与同伴的沟通与合作，完成复杂一些的探究任务。这里介绍的课例，虽然并不简单，孩子们也能找到问题的答案。

毛毛虫的大梦想

课程模块：生命科学（从分子到组织——结构与过程）

适用对象：小学二年级的孩子

课程时间：1节课

课程材料：

蝉、蝴蝶、蜜蜂、甲虫和蜻蜓的各种形态的标本（如果没有标本，就是用彩色图片）；昆虫及其形态变化的视频。

生活情境：

孩子们虽然喜欢蝴蝶，但他们未必知道蝴蝶是如何长成这样的，更不知道这一变化的意义。

课程目标：

1. 理解昆虫的形态演变及其意义。

2. 激发孩子们了解昆虫世界的好奇心。

3. 孩子们集思广益，找出问题的答案。

课程流程：

1. 播放各种昆虫运动的视频。

2. 拓展讨论。

（1）你喜欢哪些昆虫？怎样培育它们？

（2）你讨厌哪些昆虫？怎样有效地杀死或清除它们？

（3）小组汇报结果。

3. 老师挑战：这些昆虫都接近生命的最后阶段，你
   们能找出更好的时机来养育或者消灭它们吗？

4. 展示每种昆虫形态变化的视频。

（1）看视频，辨认每种形态。

（2）请孩子们改善自己的方法。

5. 每组轮流观赏昆虫标本。

（1）辨别每种昆虫的形态，并按变化时间排序。

（2）报告本组在什么时机、用什么办法培育或消
   灭昆虫。

（3）同学和老师补充与反馈。

图5.12 "教育伙伴"在进行"蝴蝶园"的课堂教学——介绍昆虫

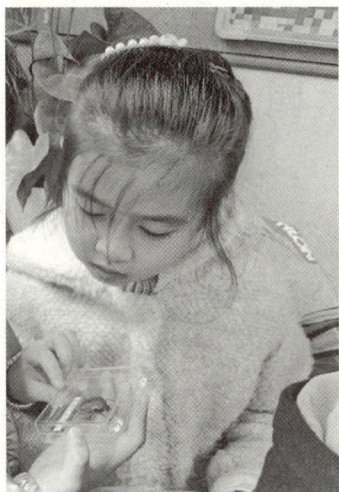

图5.13　孩子在认识昆虫　　　　图5.14　孩子作品

图5.15　孩子展示"蝴蝶园"课程的作品　图5.16　孩子制作"蝴蝶园"课程的作品

三、四年级"建青是个植物园"课例

　　小学四年级的孩子有了更强的能力，有条件通过小组合作，完成较为复杂一些的观察与实验任务，老师只需作必要的事前说明、事后反馈，中间不时地巡回指导。

惊蛰校园行

课程模块：生命科学（生态系统——互动、能量与动力）

适用对象：小学四年级的孩子

课程时间：2节课

课程材料：记录本、笔、照相机或拍照功能较好的手机。

生活情境：

我校环境优美，生态资源丰富，但孩子们可能并未充分注意到校园里的各种生命，更没有理解它们之间以及它们与环境的关系。

课程目标：

1. 观察、记录校园里的各种生命体。

2. 理解它们之间，以及它们与环境的关系。

3. 通过小组合作提升工作的效率与效果。

4. 体会美好生态环境的价值，了解维护策略。

课程流程：

1. 小组分工。

（1）分组并分配每组观察区域。

（2）说明观察任务。

2. 小组工作，老师巡回指导。

（1）观察和记录看到的每种植物、动物。

（2）提醒注意哪些隐秘的、低矮的、微小的种类。

（3）提醒各组汇总每个组员所观察到的，以便第二节课以简明的形式展示汇报。

3. 每组展示和说明观察结果，并接受其他组和老师的补充与反馈。

4. 延伸工作：过1个月再观察，看看有什么新发现。

图5.17 "建青是座植物园"校园实践活动

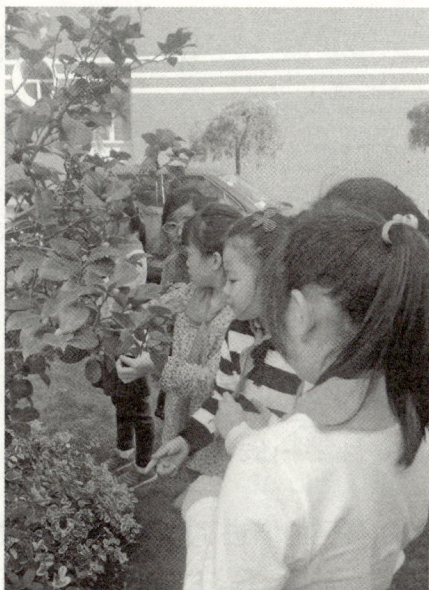

图5.18 "建青是座植物园"校园实践活动

　　需要说明的是，尽管我们每次课都事先作好了设计，但在实际上课的过程中，还是会发生意外情况。比如有时候本以为孩子们对某种现象比较熟悉，但实际上孩子们仅限于间接经验，还需要补充直观的体验；再如有时我们准备了一些有趣的案例或视频材料，本以为孩子们会觉得很新奇，但上课时却发现不少孩子已经接触过了，于是就请接触过的孩子来进行分享，或者临时换其他素材。

不过，科学探究课程就是要强调开放性，要能适应不确定和变化的情况。这是对教师和教育机制的考验，也可以借此发挥孩子们的应变能力与适应能力，引导他们进行学习主题和策略的转化与改善。

第三节　回顾与展望

科学拓展课程是我校内容做得最为丰富、普及面最广的拓展课程。回顾这些年的实践，有收获的喜悦，也发现了进一步探索的空间。

一、科学拓展课程的收获

孩子们增进了探索科技的热情与经验。从孩子们的反馈调查来看（详见第六章），科学拓展课程是最受孩子们欢迎的课之一。他们不仅从中收获了科学知识，更是体验了科学探究的过程，并在此过程中体会到科技探索的趣味、价值。科技人员的美好形象作为种子，深深埋在了孩子们的心底。此外，他们提问、观察、分析、表达、倾听与合作的能力也得到了锻炼和提高。

整合了学习、生活、社会之间，知识与实践之间，以及现在与

未来之间的经验世界。本位的教育一般通过问答、书面练习和考试来巩固书本知识，而我们的科学拓展课程则通过实地观察现象、课堂探究、展示与讨论以及课后或校外的延伸探究，整合了知与行、自我与环境、现在与未来，从而为孩子们未来的专业学习与职业实践积累了丰富的经验。

教师和"教育伙伴"们积累了开发和实施拓展课程的经验。通过教师和家长的共同合作，以及因地制宜的校外拓展，我们从无到有、从少到多、从有到精地开发了系列科学拓展课程，教师和家长们既看到了自己努力的成果与效果，也积累了经验与自信。

二、进一步探索的空间

课程内容的进一步丰富与整合。从上文介绍中可以看出，限于原有的客观条件，我们的科学拓展课程最多集中在生物学领域，而地理学、物理学、工程技术等领域则相对薄弱。另外，我们的课程单元设计大都限于单一学科，跨学科的设计比较少。

但无论从小学生的心理特点来看，还是从科技教育的未来发展来看，跨学科教育都是有待进一步加强的。早在20世纪六七十年代，英国和北美的发达国家就开始倡导科学、技术社会（STS）教育，强调把科学、技术与社会联系起来[1]。美国自1986年起全面实施融科学技术工程与数学于一体的STEM课程，目前已经在中小学和幼儿园实施。而欧洲则进一步融入了艺术与设计科目，提出STEAM课程整合模式。国际文凭组织推出的IB课程，作为国际上

---

[1] 丁邦平.国际科学教育导论［M］.太原：山西教育出版社，2002：295-299.

最先进的课程，小学与幼儿园阶段PYP课程几乎没有了学科界限，而是以重大主题为基本的课程组织结构[1]。

鉴于此，我们有必要动员不同学科的教师、家长以及社会上各行业的工程与设计人员，开发和实施更广泛的跨学科融和课程。

基地建设。虽然我校充分发掘了家长和一部分友好专业机构的科学教育资源，但从可持续发展的眼光看，应更多联系农场、公园、科技馆、科研院所、高校、企业研发中心等机构，通过一定的机制，建立稳定的合作关系，以便充分利用那里的人力、物力和信息资源。

实验室/展览室建设。我校作为一所"十六年一贯制"实验学校，正在建设各类特色教室。其中的实验室建设中，要考虑小学生的需要，装备各种仪器、药品、标本等各类典型的、常用的科学探究用品。同时也安排适当的空间展出孩子们的探究产品。展览的内容既包括有永久保留价值的作品，也包括阶段性探究结果的主题作品。

电子化课程建设。随着计算机辅助教学设计的进一步发展与普及，将来条件成熟后，我校可以更充分地利用新技术，一方面，运用特效摄影、动画、程序控制等方法，让孩子们更方便地接触、观察科学现象，操作科学实验，另一方面，通过与专业技术人员合作，把优秀的课程电子化，做成课程库和微课程，供校内外同行选用。

---

[1] IBO. Primary Years Programme［EB/OL］. (2019-06-01). https：//www.ibo.org/programmes/primary-years-programme.2019.

校门口的乐园

我叫乌鸫（dōng）

我常常在校门口的大树上玩耍，你看到过我吗？

大家都觉得我和乌鸦很像，其实我们是不一样的呢。我的嘴巴是黄色的，乌鸦的是黑灰色的。我们的叫声也是天壤之别，乌鸦叫声是"哑——哑——"的嘶哑声，而我的歌声嘹亮动听，我还善仿其他鸟鸣。我是上海常见鸟类的"四大金刚"之一，我还是瑞典国鸟喔。

哑——哑——
我才是乌鸦。

图5.19　孩子的观察记录作品《校门口的乐园》

校园里的绿色植物

红叶石楠

新生叶是红色的，也是它名字的由来，现在是它最美的时节。

02

01

冬青

四季常绿，春天会发芽、长出很多新叶片。

03

金叶女贞

金叶女贞的新叶像一朵朵绿色的小玫瑰似的。

图5.20　孩子的观察记录作品《校园里的绿色植物》

校园里还有……

葫芦藓

无刺枸骨

我在吃花蜜，好甜啊！你还不知道我叫什么吧。自己去查查看！

我是小鸟的家，你们能找到我在哪吗，下课后试看吧。

图5.21　孩子的观察记录作品《惊蛰校园行》

图5.22　孩子的观察记录作品《校园连翘》

图5.23 孩子的观察记录作品《连翘》　　图5.24 孩子的观察记录作品《迎春花》

图5.25 孩子的观察记录作品《自然笔记：连翘和迎春花》

图5.26　孩子的观察记录作品《自然笔记：惊蛰》

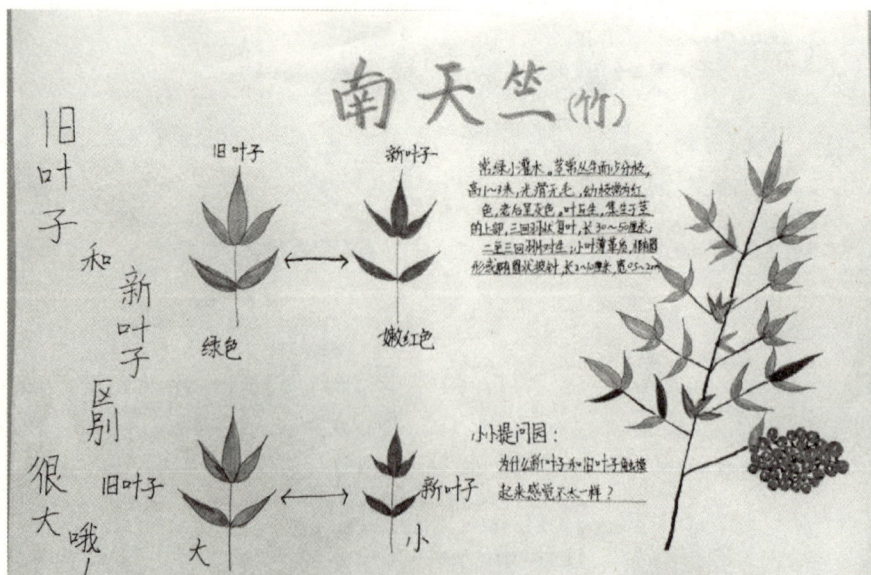

图5.27　孩子的观察记录作品《自然笔记：南天竺》

图5.28　孩子的观察记录作品《自然笔记：含笑》

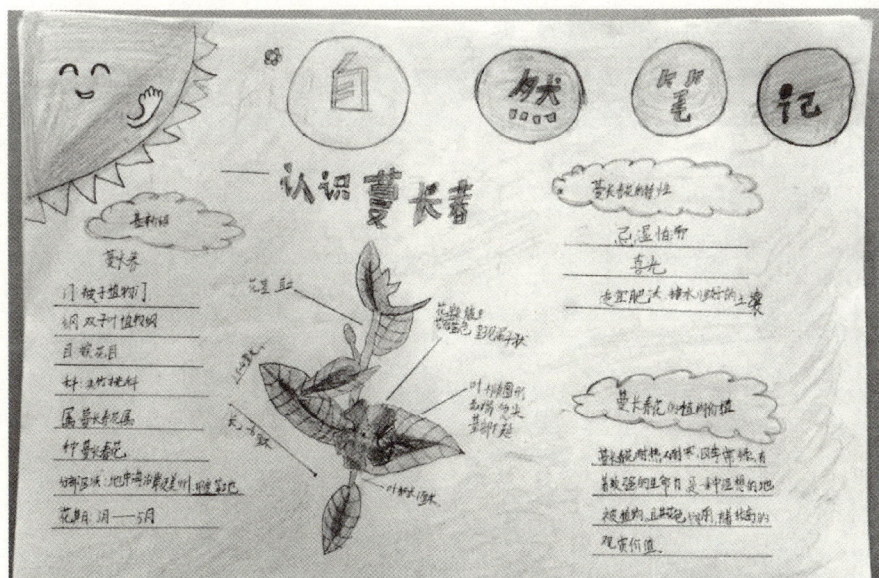

图5.29　孩子的观察记录作品《自然笔记：蔓长春》

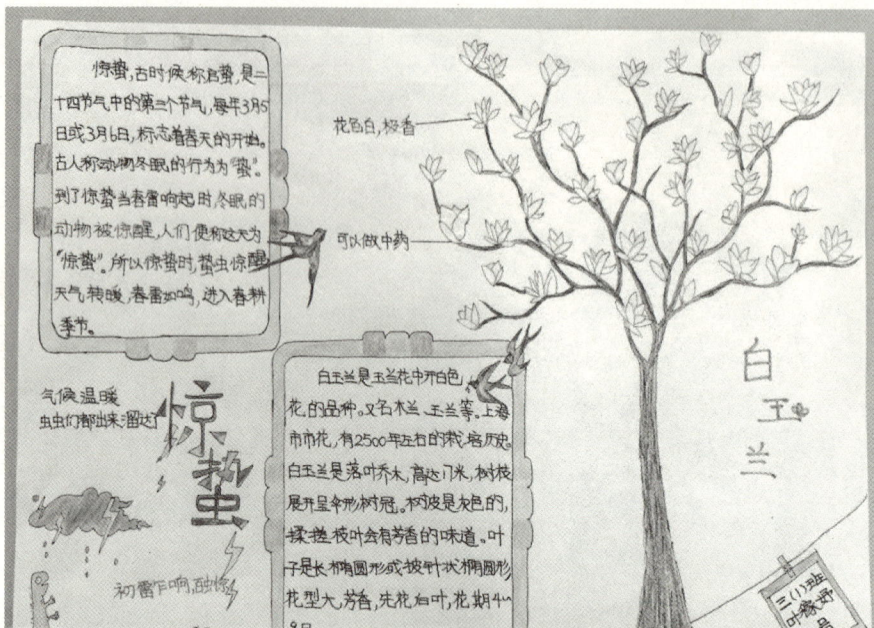

图5.30　孩子的观察记录作品《自然笔记：白玉兰》

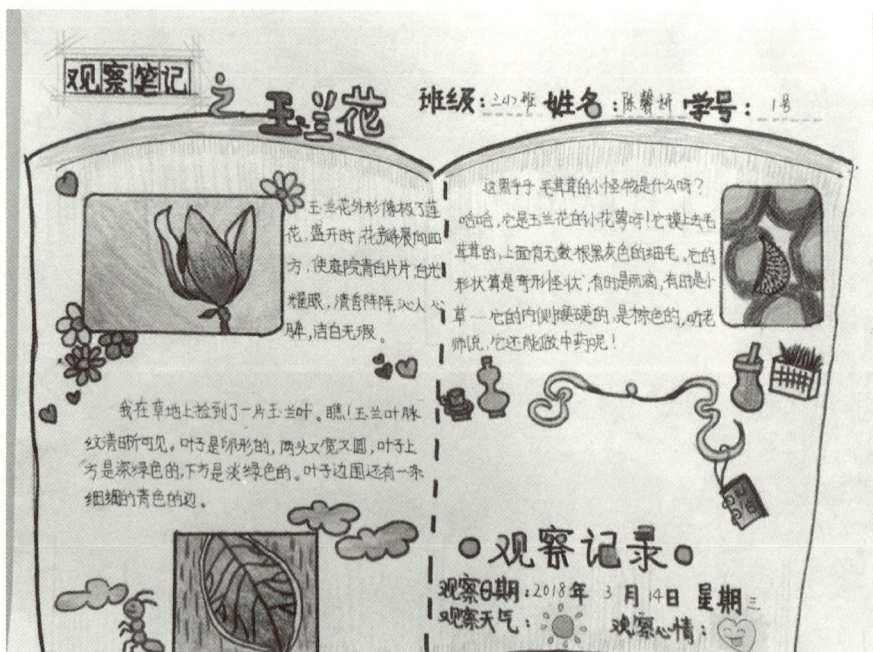

图5.31　孩子的观察记录作品《自然笔记：玉兰花》

图5.32 建青樱花季校园组图

图5.33　孩子观察的记录作品《心灵窗户》组图

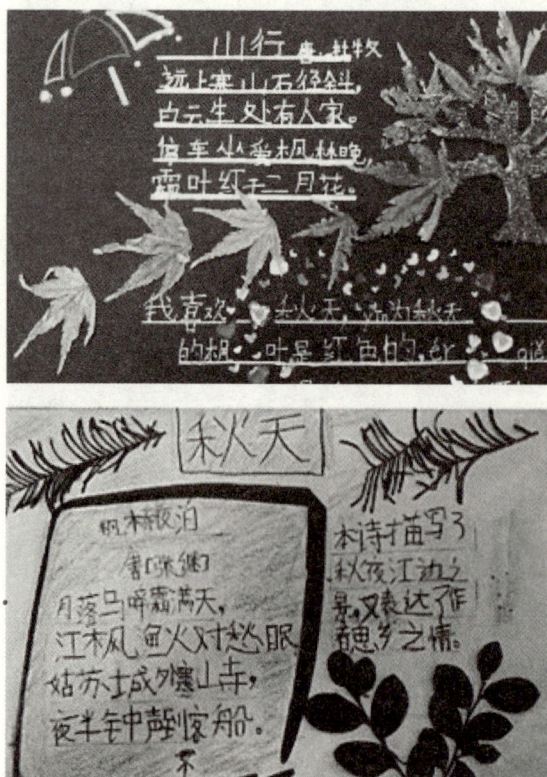

图5.34　孩子的观察记录作品《我爱建青　叶叶如画》

第六章
职业启蒙融合课程

　　所谓职业启蒙融合课程，就是把职业启蒙教育的主题、内容、方法，适当地融入文化课和其他日常教育工作中。这种融合是合二为一，融合为一个完整的教育内容及实施过程，而不是简单地增加或拼搭，也不另外增加课时或工作环节。这种课程模式是最经济有效的，但对于没有职业启蒙意识与经验的老师来说，也是比较难的。

第一节　理念与策略

一、背景：职业启蒙融合课程针对的问题

　　既然有一定难度，我们为何还要尝试呢？面对以下状况，我们意识到有必要采用课程融合的策略来实施职业启蒙教育。

课程科目多，教育工作头绪多，教育着力点分散，效果不理想。当前的小学教师工作，除了要上国家规定的必修课程，还要上地方和学校的本土化课程、特色选修课，组织和进行各种专题教育、节日活动、课外与校外活动，以及班级与学生个人的管理与教育和家长工作等。这些项目如果要单项深入，要做得好，每一项都需要教师投入大量的智慧与汗水。但事实上，教师的精力与时间有限，孩子和家长的精力与时间也有限，很难把每一项都做好。因此，选择或整合是必要的。而按照融合的策略，既不舍弃必要的教育教学内容，也不另外增加教育时间，只是把两种以上有关联的教育主题与内容，整合成为一个完整的教育内容及实施过程，如果实施得当，就有望达到一举两得或多得乃至相得益彰的效果。

　　偏重单项深化，形式不够灵活，内容也容易重复。虽然每一科目、每一项专门的教育工作都有其专精之处，但其内容与方法局限于该学科领域内，而未来科技发展的重要趋势之一是学科的分化与整合并行，跨学科综合领域不断地诞生。并且小学教育的目标是奠定个人终身发展的基础，并非培养某一领域的专家，所以应该着力拓展孩子的视野与胸怀，培养他们跨学科和跨领域的综合能力。这样会更有利于孩子的长远发展，这也是我国核心素养教育的必然要求。

　　知识与技能碎片化，不利于培养孩子的综合能力。国际教育研究表明，知识与技能拆分过细，学习单元内容与形式过于单一，不仅会使课程缺乏趣味，还会加重孩子的学习负担，也不利于培养孩子的高阶能力，尤其是可持续的综合能力[1]。鉴于此，STS（科学—技术—社会）、STEM（科学—技术—工程—数学）、STEAM（科学—技术—工程—艺术—数学）乃至STREAM（科学—技术—阅读—工程—艺术—数学）之类的整合课程模式日益受到重视和普及。一般的做法是，选择综合性较强的问题或项目，通过小组合作探究，广泛搜集多学科的理论与方法，创造性地解决问题。而职业启蒙融合课程就是寻求职业启蒙中的个人成长、社会探索与各科教育、教学工作的有机整合。

二、目标：职业启蒙融合课程所追求的效果

一项改革如果不能增效，那就没有实施的价值。只有其实施的效果明显，才值得推行。对于职业启蒙融合课程，我们期待达成以下几方面的效果。

增进核心素养的养成。这是融合课程的首要追求，即把碎片化的知识与技能，以及被学科界限分割的内容联系并整合起来，作为一个整体和统一的过程来学习，从而达成一举两得、多得的效果，同时也减少了内容的重复与学习过程的反复，即减量而增效，至少减量而不减效，同时也提升了孩子们终身学习、人文与实践关怀、发现和解决问题的能力。实际上，启蒙课本身就是一种跨学科的主题，几乎每个科目、每项日常教育活动都与它有着或此或彼的联系。许多国家和地区的生涯教育，尤其是初中以下阶段的生涯教育就是采取课程渗透的方式实施的。

---

[1] Ledger S, Vidovich L, T O'Donoghue. Global to Local Curriculum Policy Processes: The Enactment of the International Baccalaureate in Remote International Schools［M］. Berlin: Springer, 2014：3-10；19-26.

教育方式的多样化。有机的课程整合需要创意的学习活动设计，也就是说不仅要找到两种以上学科或主题之间的联系，也要广泛考虑多学科、多领域的学法，并加以优选。比如跨学科的问题解决模式、跨学科的实验与观察方法、工程技术中的设计方法、文学与艺术学科的叙事与直观方法、数学中的建模思维，以及社会与心理主题的社会互动方法等，都可以选用。

提升孩子学习的动机水平与方法意识。多学科内容的整合可以增进孩子学习的蓝图感与意义感，而学法的新颖性与灵活性也能增强孩子学习的过程感与方法意识。而且这种动机与方法的改善是紧密联系各个学科的，因此他们不仅能从职业启蒙中受益，而且各科的学习的效果也能得到提高。

整合教育资源。教育改革的难题之一就是孩子的学业负担过重，必须在保证教育效果的同时，减少师生的时间与精力的消耗。而课程融合的思路与方法就是做减法，即通过合并教育内容与教育过程，达成节约学习时间与教育资源的效果。

促进师生的团队协作。设计高水平的融合课程及其实施需要教育工作者开阔视野、拓展思路，而同学之间、教师之间、师生之间以及学校与家长之间的沟通与合作，则是他们创意的重要源泉。同时，团队能力的提升既是我们学校教育的目标之一，也是教师专业能力发展的目标之一。

三、主要的融合策略

总的说来，职业启蒙融合课程就是将职业启蒙教育中的做事、做人、做自己的主题与不同学科、不同教育事务的内容、时空等各种学习与教育条件，个人与社会实践的主题，以及师生及职业人士个人的经验有机地联系起来，并构成一个立体的学习项目（见图6.1）。具体说来，有以下几种融合策略。

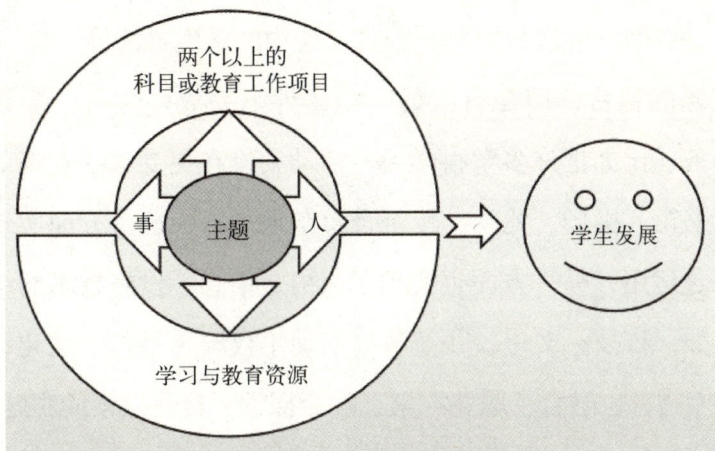

图6.1　职业启蒙融合课程示意图

知识与经验内容的融合，即把学科及各种教育活动的内容与职业启蒙的内容加以整合。比如把语文课中的《梅兰芳学艺》这一作品的内容与梅兰芳艺术生涯的动力与经验结合，把数学应用题与职业劳动者的数学实践结合，以生涯发展主题重整班会主题活动等。

方法的融合，即相关学习与探索方法在多个学科与实践领域的运用。比如问题解决方法、小组探究项目方法在各学科、各领域的运用，对各学科工作人员访谈进行专题探究，叙事法在自我探索、语文、历史、班会、读书会、道德与法治、校外参访等学科与活动领域的运用，设计方法在语文、英语、道德与法治、艺术、体育、科学、自我规划、课外活动、班级管理等学科与实践领域的运用，实验与手工在数学上的运用等。

学习与工作经验的整合，即以专业工作的视角与标准，结合静态知识经验、活生生的人与专业实践。每个科目的学习都可以延伸到具体的职业工作，比如历史中的文献分析与口述史调查，语文中的编辑、创作与话剧，科学中的实验、发表与研讨，道德与法治中的调查、咨询、诉讼与审判，德育工作中的学生自治等。

资源的整合，即在有限的时空条件下完成多学科、多领域的学习任务。比如把许多学科学习、活动安排在更受孩子欢迎的实验室、图书馆、操场、礼堂、校企合育基地进行，这一方面实现了时空的综合运用，另一方面也实现了人力、信息、设施技术的综合运用。再如，科技、文化、儿童节等活动不仅限于科技、文化、儿童成长的专题，也融合了职业探索、社会探索、自我探索的主题。

总之，要通过学习领域、学法、时空资源、学习与工作等多维度的融合，建设立体整合的职业启蒙融合课程，以便达成学生与教师的学习与成长的融合效应。

第二节　实施与课例

本节将在小学各学科这一教育实践领域内，举例说明职业启蒙融合课程是如何具体实施的。需要说明的是，原则上职业启蒙融合课程适合每个学科和教育实践领域，限于篇幅，这里没有穷尽每一学科与实践领域，并不是说未讨论的学科与实践领域不适合。

一、语文课

对于语文课，至少可以从以下几方面融入职业启蒙主题——语文学科相关职业任务考察、语文课文中涉及的职业人生、语文专业工作方法的具体运用等。语文课的第一个课例是将职业人生与课文内容融合起来，第二个课例是将语言文字方面的职业工作用于语文课文的创意学习之中。

课例 10

梅兰芳的艺术人生

课程科目：语文

课程素材：语文课文《梅兰芳学艺》

课程时间：1 节课

课程材料：视频《贵妃醉酒》

课前准备：让孩子搜集关于梅兰芳的资料。

课程目标：

　　1. 理解梅兰芳的艺术追求与智慧。

　　2. 感受京剧艺术的美和创造美的条件。

　　3. 联系自己的实际，考虑自己的人生准备。

课程流程：

　　1. 观看梅兰芳《贵妃醉酒》唱段，讨论观感。

　　2. 读课文，讨论梅兰芳的艺术成就是如何达成的。

---

3. 画脸谱，学唱《贵妃醉酒》。

课后拓展：观看电影《梅兰芳》。

学做编辑：塑造更有礼貌的人

课程科目：语文

课程素材：语文课文《医生的心思》

课程时间：1 节课

课前准备：小组采访作家或编辑。

课程目标：

1. 了解编辑的工作与价值。

2. 学做编辑工作。

3. 体验文学的美。

课程流程：

1. 小组汇报文学家及其工作。

2. 小组工作——学做文学家，通过修改对话与描写，把文中人物塑造为更有礼貌的人。

3. 作品展示与讨论。

课后拓展：选择自己的一篇作文，把它改得更优美。

注：该主题源于一位同学说文中的医生和病人都不礼貌。

附录：孩子修改后的作品示例

那是一位女病人。她一言不发地把手伸给了格里辛格。

格里辛格审视了一下她的伤势，轻声问道："事故？"

"玻璃碎片。"女病人简短地答道。

格里辛格一边在病例上认真地记录着，一边低声问："何时？"

"昨天早晨。"女病人迅速地回答道。

"已处理过？"格里辛格轻轻触碰了一下伤口的四周。

女病人微笑着点着头："碘酒。"

"还痛吗？"格里辛格注视着女病人，温柔地说。

女病人边摇头边说："感觉血管跳动。"

接着，格里辛格又仔细地检查了她的伤口，迅速地进行包扎，前后仅花了几分钟。

"费用？"病人最后站起身疑惑地问道。

"免费。"格里辛格笑容可掬地站起身来，亲自把女病人送到了门外。

二、英语课

职业启蒙主题融入英语课的余地也很大，如表示职业的词汇与姓氏、职业性表达方式，科技、商业、新闻、诗歌、书信等个专门题材的阅读与写作、外语与外事专业人员的工作与人生等。

课例 12

Be What You Wanna Be

课程科目： 英语课本

课程时间： 1 节课

课程素材： 视频《Be What You Wanna Be》

课程工具： 视频播放设备

课程目标：

1. 理解职业的意义。

2. 掌握常见表示职业的英文单词。

3. 能自信地用英语表达自己的职业梦想。

课程流程：

1. 观看视频《Be What You Wanna Be》。

2. 小组讨论与汇报（视频里提到了哪些职业，你对这些职业有何感受？）

3. 小组讨论与汇报（你的职业梦想是什么？）。

4. 展示与说明你想做的工作（What? How? Why?）。

5. 总结（All roads lead to Rome.）。

三、数学课

许多人觉得数学是最不实用的学科之一，但我校师生的探索却说明数学的职业意义也很大。它绝不仅是数学家或数学教师的专享，也是数据分析师、金融分析师、系统设计师、工程师等很多职业人员所必需的技能和知识。数学背后蕴藏的职业意义，不仅可以通过校外采访来获取，也可以通过课堂探究来实践。以下课例就是有关服装设计中要计算表面面积的活动。

课例 13

量体裁衣测量表面积

课程科目：数学

教学时间：1 节课

课程素材：数学教材中关于表面积的章节

课程材料：每组一个人形玩具

课程目标：

1. 巩固对表面积概念与计算方法的掌握。

2. 体验数学方法如何用于生活。

3. 动手测量和计算服装表面积。

课程流程：

1. 回顾立方体表面积的计算方法。

2. 小组讨论并汇报服装设计师是如何计算一套服

装需要的布料面积的。

3. 小组合作计算为本组玩具设计一套服装需要多大的布料。

4. 小组结果展示与反馈。

注：该主题是由一位爱画漫画、爱玩布娃娃的女生引发的。

四、科学课

科学课有很强的实践性。除了解决问题的一般操作之外，实验与观测、把科学用于技术开发的实践更是魅力无穷。以问题或项目任务为中心的开放性的实践探索，不仅能让静态的科学知识活起来，吸引孩子们的兴趣，也能提升他们严密思考、创意设计与细心实验的能力。以下课例就是关于如何组织孩子们设计制作机械手的。

课例 14

设计制作机械手

课程科目：科学

课程时间：1 节课

课程素材：信息科学中关于人工智能的部分

课程材料：一个瓶口细深的瓶子（如葡萄酒瓶），每组一个木塞（刚好与瓶口一样大）。

课程目标：

1. 理解机械控制原理。

2. 动手设计、制作机械手。

3. 培养对未来科技的好奇心与参与意识。

课程流程：

1. 小组探索与汇报：如何把瓶中的木塞取出来。

2. 老师说明机械手设计与制作的步骤与方法。

3. 小组合作制作机械手。

4. 展示工作效果：看哪一组能快速、稳妥地取出木塞。

课后拓展：观看电影《人工智能》。

五、体育课

体育课本是小学生最喜欢的课，但是随着年龄的增长，越来越多的人却不再喜欢体育。其中的原因值得反思：我们是否培育出了体育的兴趣？体育在社会生活中的广泛意义是否受到重视？带着这样的问题，我校做了较为广泛的尝试。

造访体育人生

课程科目：体育

课程时间：1节课

课程场地：学校操场或体育从业者工作地点

课前准备：

1. 课前联系好运动员、运动项目教练、健身教练
   或康复训练教练。

2. 每个小组准备好问题提纲。

课程目标：

1. 了解体育相关职业。

2. 理解大众体育与专业体育的各自价值。

3. 体会体育对健康和生活的意义。

4. 体会培养和发展体育爱好、保持身体健康的
   方法。

课程流程：

1. 简介体育从业者。

2. 请体育从业者讲述自己的成长故事。

3. 各小组提问，体育从业者回答。

4. 一起向体育从业者学点绝活。

六、劳技课

劳技课的内容很广泛，但如何上得有趣而又专业，是我校老师关心的问题。通过融入职业启蒙主题，可以让孩子们切实体验到职业劳动与技术应用的趣味、价值和成就感。以下课例展示的就是孩子们设计新操场的过程。

课例 16

新 操 场 规 划

课程科目：劳动技术

课程素材：测绘相关内容

课程时间：1 节课

课程材料：每组一套长卷尺、纸、笔、绘图文具套装。

课程目标：

1. 运用空间测量方法，按比例绘制模型图。

2. 根据师生运动需求对操场进行功能与空间规划。

3. 体验改善操场设施的成就感。

课程流程：

1. 小组讨论并汇报：体育供求差距程度。

2. 小组测绘并汇报：测绘操场面积、调查体育设施供给的情况。

3. 小组设计并展示：操场体育设施改善方案。

4. 修改方案与图样后提交校长办公室。

附录：孩子的测绘作品

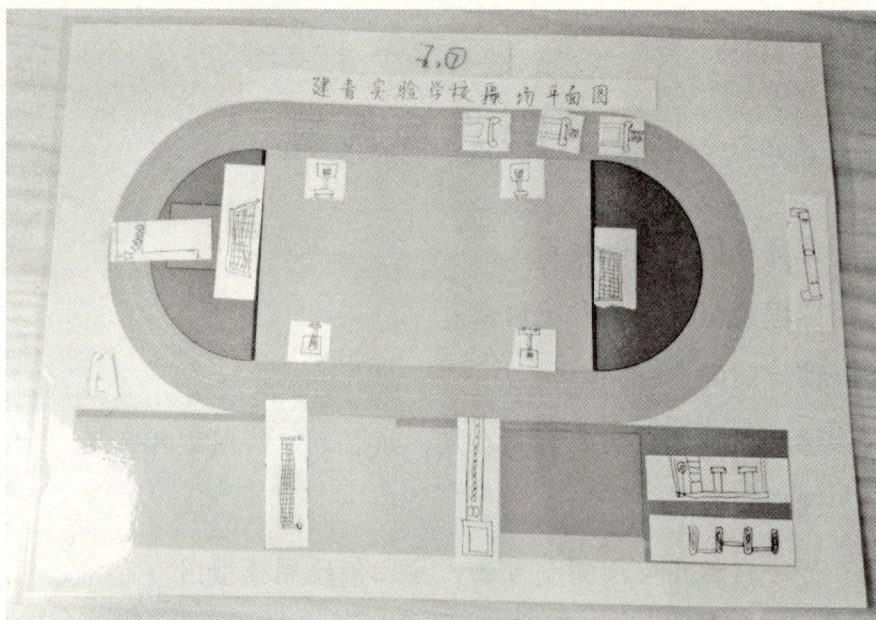

七、班主任工作

在班主任工作中融入职业启蒙教育的余地很大，不仅在主题班会中可以直接进行职业启蒙主题的教育，日常的班级管理、个别教育、家校沟通等环节都可以融入职业启蒙的内容。以下课例展示的是如何让孩子们在班级管理中体验职业工作的价值与智慧。

我来决定班干部人选

课程领域:班级管理

课程时间:1节课

课程准备:确定会议主持与志愿者人员

课程材料:选票、岗位需求表、岗位竞聘打分表、岗位工作要求、选举程序、招聘书

课程目标:

1. 了解班级生活的需求与规范。

2. 培养班级建设的责任感。

3. 盘点和展示自己的优势。

4. 体验民主决策的过程与方法。

课程流程:

1. 说明班干部选举的目标、要求与程序。

2. 候选人演讲。

3. 选举。

4. 唱票并宣布结果。

5. 获选与获选感言。

注:岗位不仅要多样化,而且要实行定期轮岗制,这样不仅可以为更多的孩子提供当班干部机会,而且也可以提高全班同学的班级责任感和民主意识。

附录：选举材料

（1）岗位需求表

部门	名　称	招聘人数	职　　　　责
劳动卫生部	黑板美容师	2人	及时整理粉笔槽，课间用吸尘器擦黑板。
	桌椅小卫士	6人	一小组一人。每天放学检查桌椅的排放情况和桌肚子的清洁情况。
	绿化小天使	1人	了解各种植物的习性，及时为班级的植物浇水、除草。
	水仙子	1人	负责清理饮水机下水桶的积水，保持周围地面干净。
	火眼金睛检查员	1人	检查窗台和墙沿是否有积灰。
	河马清洁员	2人	每周五饭后擦教室右边和后面的小橱橱面，并整理上面的东西。
	蚂蚁小能手	1人	每天中午负责套垃圾袋、扔垃圾。
	守门大将	2人	每周五饭后擦门框。
	爱师天使	1人	每周五饭后清理讲台。
服务管理部	节能小卫士	2人（前后各1人）	全班出教室后关灯（此岗位要求应聘者个子较高）。
	午餐管理员	2人（餐前餐后各1人）	1.餐前监督全班先洗手，后排队领饭。2.餐后监督小朋友按要求轻放饭盒、勺子和碗。
	眼操小医生	1人	督促全班认真做好眼保健操。
	报纸派发员	1人	派发班级报纸（有经验者优先）。
学习部	各科白鸽信使	4人（语文2人，数学英语各1人）	帮助老师收发作业、快递至办公室（此岗位要求必须认识办公室、任课老师办公桌）。
	晨读领航员	1人	7：50到校，到教室后及时开灯，维护班级晨读纪律。

部门	名　称	招聘人数	职　　责
学习部	图书馆馆长、副馆长	各1人	1. 课间提醒小朋友们要文明借阅图书，爱护图书。 2. 每天中午饭后整理书架。 3. 处理与借书相关的一切纠纷，有权取消违规人员当天的借书资格。
	馆长助理	2人	协助馆长做好借书和还书的工作。
	奖章派发员	2人	负责为小朋友们敲章、发章。
	奖品派发员	1人	负责为小朋友们派发奖品。小朋友们挑选奖品时要有耐心。
	小小辅导员	2人	提醒迟交作业的小朋友尽快交作业（此岗位要求应聘者成绩优秀、作业完成速度快）。
	课前准备检查员	2人	每节课前检查课前准备情况，两分钟预备铃时带读（此岗位要求应聘者声音洪亮）。

（2）岗位竞聘打分表

学　号	姓　名	演讲内容	语言表达	形象风度	综合印象	总　分

八、大型活动

校外活动是孩子们最喜爱的项目之一，但是如何组织才能既有序又有效呢？这是我校老师一直考虑的问题。通过实践，我们发现融入职业启蒙主题，不仅能使活动组织地有中心和重点，也让孩子们的体验更加深刻。

少科站里的航天梦

课程领域：校外教育

课程地点：少科站

课程时间：半天

课程准备：查询少科站的情况，选择自己最喜欢的项目

课程目标：

1. 了解科技发展的一般状况。

2. 体会科技发展及其应用前景。

3. 选择自己喜欢的科技领域，做更多的探索。

课程流程：

1. 集合并到达少科站。

2. 随讲解员浏览少科站项目。

3. 按兴趣组成小组选择某一特定项目，进行深入体验和探究。

4. 小组汇报本组探究结果。

课后拓展：选择最喜欢的项目进行进一步的探究或制作。

注：某男生"西瓜"在这次活动中萌生了航天梦，并进行了一系列集中探索。

附录：孩子的航天探究作品

第三节　收获与展望

　　建设职业启蒙融合课程的初衷是在不增加孩子学习负担的基础上，充分利用已有的时空条件，通过整合学科与教育活动，达成一举两得、多得并提高孩子高阶综合能力的效果。从阶段性的反馈结果来看，取得了一定的成效。

一、合力育人的综合成效

孩子的经验整合与综合能力。从孩子的反馈来看，他们学习的兴趣、社会性和综合实践能力都有了提高（见表6.1）。

表6.1　孩子们的兴趣与收获

最喜欢的	收获最大的
1. 活动课（7人）	1. 了解了许多工作（5人）
2. 把昆虫从卵养成蛾/蝶（5人）	2. 团体赛得奖（4人）
3. 语言/商业/技术专家来上课（4人）	3. 知道了怎么做科学研究（4人）
4. 节日综合活动（3人）	4. 完成了小制作（电玩/火箭等），很自豪（3人）
5. 小组探究项目（3人）	5. 知道了怎么工作（3人）
6. 科技制作课（3人）	6. 知道了知识的价值（3人）
7. 照顾受伤/生病的同学（3人）	7. 学会了学习/做作业（3人）
8. 做轮值小队长（3人）	8. 学会了当班干部（3人）
9. 课外兴趣活动（1人）	9. 学会了团队合作（2人）
10. 交到几个好朋友，并与他们一起学习（1人）	10. 更喜欢学习了（2人）
11. 语文"职业活动"（1人）	11. 找到了自信（2人）
12. 春游秋游主题活动（1人）	12. 改进了学习方法（2人）
13. 中医讲座与体验（1人）	13. 学会处理同学矛盾（1人）
14. 学习小组相互指导（1人）	14. 同学们相互帮助（1人）
15. 家长（职业专家）来上课（1人）	15. 动手操作很开心（1人）
16. 英语课上学到了实用表达与职业知识（1人）	16. 体会到工作的价值（1人）
17. 参与班级事务管理（1人）	17. 开阔了视野（1人）
18. 参加体育比赛策划与管理（1人）	
19. 集体过生日主题会（1人）	

学科学习的动机与方法效果。由于在学科教学中融入了探究主题、职业生活和学生参与活动的元素，孩子们不仅能了解职业与社会，也增进了对学科知识与方法本身的掌握，且提升了学科实践参与能力。比如在语文教学中融入关于梅兰芳、苏东坡的职业介绍，

不仅能帮助孩子们了解主人公的职业生涯、个性品质，也让他们对文章的主旨、背景、表达风格等有了更加深切的把握。而在学做编辑/作家的尝试中，孩子们不仅理解了编辑、写作工作的要求，也更好地把握了词汇、句法和篇章风格。把英语教学置入职业情境中，不仅能把课程变得有趣、切实，而且能拓展孩子们的词汇量、语法点，而且通过表达练习，能让孩子们感到更加有趣、有意义，印象深刻。数学中的实际运用不仅有趣，也能提升孩子们发现和解决数学问题的乐趣与能力。科技课更是能让孩子们通过小组探究的观察与实验，体验到科学的规范与价值。总之，孩子们在学习的动机、方法、知识内容等各方面都有了改善。

教师的专业意识与设计能力。职业启蒙融合课程对教师们而言，由于经验缺乏，一开始是极大的挑战。但随着践行的深入，教师们也体验到了它的魅力与价值。（1）在开放性的沟通和师生的共同探究实践中，教师们体会到学科知识的职业意义。（2）综合性创意课设计的尝试，让教师们收获了孩子们的喜爱和感恩，同时也看到自己教学设计与组织能力的提升。（3）通过创意设计与实践，教师们的学科专业能力也得到了进一步发展。（4）在与孩子们共同进行的开放性探究实践中，教师们自己的职业生涯管理也得到了改善，增进了职业幸福感。

教育资源的整合与优化。教师原有的课时与教育工作事务本来就繁多，但通过跨学科、跨领域的整合，时间节约了，人手调配得过来了，而效果并不打折扣。比如以职业人物人生为主题整合历史和语文，只需要两门课的老师共同设计、轮流上课即可，这样既不会减少教学的内容，也不会降低要求孩子掌握的程度。数学与科学的概念、实验、课外活动探究课可以整合为一个单元，再加上有家长与校外人士的参与，时间、人力、场所都变得充足。班级管理与孩子自治的结合，不仅解放了老师，也锻炼了孩子们的独立工作能力，班主任只要做好顾问工作即可。

二、未来发展的展望

从反馈调查来看，孩子们一方面提升了学习的热情、方法与成效，另一方面也对我校的教育工作提出了更高的要求，传统的教法和管理方法尤其受到挑战（见表6.2）。

表6.2　孩子们对学校的期待

1. 开设更多活动/实践课（7人）	9. 更多兴趣选修课（3人）
2. 午餐增加饭菜、点心、水果等的品种（6人）	10. 更多体育设施（3人）
3. 课上有更多的动手机会（5人）	11. 图书馆管理更到位，图书更多（3人）
4. 组织更多课外活动（围棋、音乐、体育、科技等）（5人）	12. 更多家长课堂（3人）
5. 有更多当班干部/校园执勤的机会（4人）	13. 自主活动时间更长
6. 高年级同学要更好地做榜样（4人）	14. 更大的活动场地
7. 请更多大学生和职业人士来交流（3人）	15. 更多的指导老师
8. 更多课外活动（3人）	

总的说来，孩子们对于学校生活的要求更高了，传统偏重知识的教育所忽视的，对孩子们在动手、探究、实践、开放性对话、独立负责等方面的发展提供强有力的推动，是我校进一步发展的方向和目标。

现有课程的进一步优化。随着融合性课程建设的深入，本来很受欢迎的体育、艺术、道德与法治、班会等课程与活动受到了挑战。随着孩子们见识与能力的进一步提升，他们对原有的课程与教学安排提出了更加细化、更加专业的要求。鉴于此，这些科目的教师需要具备更加多元化和专业化的能力结构。如果达不到这样的要求，就需要建设专业能力多元化的团队或引入校外专业力量。

教育辅导方式的挑战。随着孩子自我意识、思考能力、社会与实践能力的持续提高，他们对课堂教学、班级管理、个别教育的要求也随之提高。老师们不能再以静止的、模式化的眼光看待学科问题、教学情境，而需要以更加开放的姿态进行更系统有效的观察、沟通、协作，学会做孩子们的伙伴、顾问，而不是简单粗暴的监护者。教师们要与时俱进，与孩子们共同发现、探索和成长。

对教育资源条件的挑战。我们的校园虽然很漂亮，但还不是很宽敞，我校体育场、实验室、图书馆、展览区等场所的建设也受到了限制。在这方面，我们虽然已通过充分利用地下室、校外基地等方式改善情况，但仍须优化管理，从细节入手，利用科技手段，建立综合利用、复合发挥的机制。

第七章
回顾与展望

虽然在平时的授课过程中，通过观察孩子们上课的状态及他们展示的作品，我们已经了解到了职业意识启蒙教育实施的情况，但为了更全面而深入地了解我校职业意识启蒙教育的效果和问题，我们作了专门调查。调查的主要方式是问卷、访谈和作品搜集，调查的对象是孩子、教师和家长。

第一节　职业意识启蒙教育的收获

一、孩子的满意度

整体满意度。 从孩子的反馈来看，最受他们欢迎的课依次是体育（92.86％）、语文（91.96％）、科学（91.07％）、家长课堂（90.18％），其中科学与家长课堂正是我们的职业启蒙拓展课，而体育（尤其是舞蹈）、语文也渗透了职业启蒙的内容。这说明我们的职业启蒙课很受孩子们欢迎。

同时，如果以挑剔的眼光来看，孩子欢迎度最低的课依次是道德与法治（66.96%）、音乐（66.96%）、美术（66.96%）。音乐、美术本应是很有趣的课，现在却没能竞争过职业启蒙课程，这给美育老师造成了较大压力。而道德与法治课也很有优化的余地。如何更灵活、更有针对性、更生动活泼地进行职业意识启蒙教育，是我校今后的重要课题。

具体表现。从反馈调查可以看出，我校孩子的上学体验积极，所有的项目都表现很好（见表7.1）。可以看出，我校虽然尽量减少了作业量，丰富了兴趣课和课外活动，孩子的学习收获也还是比较大，在动手操作、师生互动、课外活动、小组合作等方面尤其明显。

表7.1　我校2—4年级孩子上学体验调查（样本数：112人）

项　目	最小值	最大值	平均数	标准差
动手操作	2.0	4.0	3.920	0.332 6
收获	1.0	4.0	3.875	0.427 1
教师倾听	1.0	4.0	3.866	0.474 5
课外活动	1.0	4.0	3.866	0.493 1
独自上学	2.0	4.0	3.866	0.391 2
小组活动	2.0	4.0	3.866	0.413 6
梦想	1.0	4.0	3.857	0.499 7
职业了解	3.0	4.0	3.848	0.360 4
交友	1.0	4.0	3.839	0.475 6
作业	2.0	4.0	3.830	0.442 9

项　目	最小值	最大值	平均数	标准差
工作意义	2.0	4.0	3.821	0.488 0
优点	1.0	4.0	3.723	0.660 5
同学关系	1.0	4.0	3.714	0.560 4
自信心	1.0	4.0	3.571	0.610 9
探询难题	1.0	4.0	3.527	0.793 7
发言	1.0	4.0	3.500	0.771 1

但同时我们也看到，孩子们在发言、探询难题、自信心、同学交往等方面，虽然整体上也反映出积极的体验，但没有那么突出。这似乎提示我们，我校的教育探索在以下几方面仍需更上一个台阶。

（1）创造更包容、更安全、更有鼓励性的教育氛围，鼓励孩子积极地探索未知与难题。注重过程，淡化结果，进一步消除孩子们对出错、批评的恐惧。

（2）开展情商教育，鼓励孩子们通过积极的沟通与合作，既体验到同伴的爱与支持，也在沟通与合作中获得经验与技能，从而提高社会性的发展水平。

（3）进一步优化个性探索活动，更有针对性地发现、发挥和发展每个孩子的优势与潜能，学会愉快地接纳和激励自己。

二、教师的成长

从对教师的调查结果来看（样本数：34人），教师们对于批阅作业（尤其是表现型的作业）、帮助孩子解决难题、进行教学设计、支持家长课堂（职业启蒙拓展课）、实施职业意识启蒙课程、与同事及家长沟通合作、和孩子开展个别交流与指导、安排课外活动以及在学科及班级活动中渗透职业启蒙内容，都表现出积极的看法或体验（见表7.2）。这反映了我校教师已经实现了教育观念与行为的转变，即教育努力的重心从教材转向对孩子的观察和了解及教学活动的设计与组织。

表7.2 教师反映较好的方面（样本数：34人）

项　　目	最小值	最大值	平均数	标准差
批阅作业有教育意义	3.00	4.00	3.971 4	0.169 03
乐于帮助孩子解难	3.00	4.00	3.971 4	0.169 03
喜欢教学设计	3.00	4.00	3.914 3	0.284 03
家长课堂有成效	3.00	4.00	3.914 3	0.284 03
职业启蒙有价值	3.00	4.00	3.885 7	0.322 80
喜欢与同事沟通合作	3.00	4.00	3.885 7	0.322 80
爱与孩子个别交流	3.00	4.00	3.800 0	0.405 84
课外活动有趣	3.00	4.00	3.800 0	0.405 84
班级活动可以渗透职业启蒙	3.00	4.00	3.771 4	0.426 04
平和地对待孩子不合期待的行为	2.00	4.00	3.742 9	0.505 43
孩子兴趣广泛	2.00	4.00	3.714 3	0.518 56
喜欢指导小组活动	2.00	4.00	3.685 7	0.529 79

进一步发展的台阶。同时，从教师的反馈中也看到，他们体验感最差的方面主要是工作负担重（平均数为2.171 4）和专业成长感不强（平均数为3.485 7）。这里的工作负担对于有的教师是客观的，因为承担了较多的教育工作任务，而且可能与家庭事务重叠。对另

一部分教师来说，这种负担却主观的，即心理负担——即使没有承担较多的教育工作任务，但由于兴趣不大，或者因为没有发挥自己的优势，没有根据自己和学科的特点打造出独到的教学风格，从而难以获得成就感，也会觉得负担重。这就成了教师生涯发展的课题。

鉴于此，我校希望今后能够加强以下几方面的工作。

（1）改革教学与教师管理机制，减少常规性的管理事务（如行政会议、填报表格等），解放教师，使其把精力用于最重要、最有创造性的工作中去。

（2）鼓励和支持由下而上的教改实验与创新，让教师们通过团队合作，从兴趣与问题出发开展各种尝试，进而探索出自己感兴趣的教育领域和教育风格。

（3）建立教师发展支持系统，引入校内外人力、信息、技术与物力资源，支持教师们的专业发展。

三、课程的丰富与优化

课程多元化。我校形成了必修课、选修课、拓展课的系列课程体系，其中职业启蒙虽然属于校本年级必修与拓展模块，但形成了核心与拓展、文理并举的模式，纵贯五个年级，大大丰富了科学、道德与法治、班主任工作内容，其效果与受欢迎程度，已经超过了原来的必修课（详见前文调查分析）。

经验成果与相对优势。如前文的调查分析所示，职业启蒙课的后发优势相当明显。

（1）开放性。因地制宜地开课，结合生活与孩子的实际设计主题与活动，教师、场景、素材也多种多样。

（2）活动化。每次课尽可能设定一定的主题，安排有趣的活动让孩子们参与，切合孩子们好动、直觉思维的年龄特点。

（3）知识与应用的练习。职业启蒙课没有考试，也几乎没有传统的书面作业，但却能结合孩子们的日常生活，鼓励孩子们运用课上所学的理念与方法，孩子们容易有获得感和成长感。

带动效果。好的经验值得推广。目前职业启蒙的开放合作的教学设计、主题活动方法、学以致用的强化方式，已经用于班会、语文、科学等科目或活动中，并受到孩子们的喜爱。而教师们通过指导家长们进行拓展课设计，也提升了活动设计的意识，提高了所教科目的教学效果。

四、家校共育成为合力

从104名家长的反馈来看，家长们对我校的职业启蒙教育反馈良好，认识到了职业启蒙的意义，增进了与老师的沟通，增进了参与家长课堂的意愿，同时也增进了陪伴、沟通等家庭教育行为（见表7.3）。

表7.3　家长对孩子教育的反馈（样本数：104人）

项　目	最小值	最大值	平均数	标准差
与老师沟通好	2.0	4.0	3.827	0.404 9
认识到职业启蒙意义	1.0	4.0	3.721	0.598 7
愿意参与家长课堂	2.0	4.0	3.673	0.565 0
与孩子沟通充分	2.0	4.0	3.519	0.557 1
陪伴孩子多	2.0	4.0	3.471	0.637 9
热心参与学校活动	1.0	4.0	3.437	0.709 5

同时，根据家长们的访谈和书面反馈，开展职业启蒙教育之

表7.4　家长对孩子变化的反馈

1. 学习更主动了（9人）	18. 更能理解爸妈工作的辛苦了（1人）
2. 更主动地做家务（9人）	19. 科学作品受到好评，增强了自信（1人）
3. 更爱/会读书了（7人）	20. 重视同伴交往的意义与策略（1人）
4. 回家后更乐意分享学校的事（5人）	21. 更多地关心父母与长辈（1人）
5. 感恩爸妈，照顾爸妈（4人）	22. 会做小老师，每周给弟弟或妹妹上课（1人）
6. 孩子的兴趣更多更浓了（3人）	
7. 自我管理能力增强了（3人）	23. 更爱学习了（1人）
8. 更疼爱或更会照顾弟弟或妹妹了（2人）	24. 更会提问和主动思考了（1人）
	25. 更会理财了（1人）
9. 更有上进心了（2人）	26. 更善于与人合作了（1人）
10. 在学校生活中更自信了（2人）	27. 受到鼓励，更用功学习了（1人）
11. 更愿意主动表达了（2人）	28. 被选上了班干部了（1人）
12. 更能坚持了（3人）	29. 独立性增强了（1人）
13. 购物等生活、办事能力增强了（3人）	30. 很乐意做护园员（1人）
14. 更爱学校生活了（3人）	31. 更能创作了（绘画、写歌）（1人）
15. 做作业更主动、认真了（2人）	32. 策划能力增强了（1人）
16. 更主动助人了（2人）	33. 更勇敢了（1人）
17. 孩子的职业兴趣变化了（1人）	34. 更讲究学习方法了（1人）

后，孩子们的变化也很大（见表7.4）。

从以上反馈可以看出，孩子们在兴趣动机、学习与办事能力、社会性能力、自我接纳与管理等许多方面都有了变化。这些变化正是我校开展职业启蒙教育的追求。

第二节　职业意识启蒙教育的展望

虽然我校职业意识启蒙教育取得了阶段性的成效，但为了更进一步的发展，还需要在以下几方面更上一层楼。

一、发展新的教育质量观

什么是学习好？什么是好教师？什么是教育质量？这些问题看似简单，但在我校教改过程中却引发了不少的思考。

（1）过程重于结果。考试成绩只是孩子学习结果的冰山之一角，他们在日常学校生活中的点点滴滴是非常精彩的，但很多方面都没办法体现在考试成绩中。所以我们希望教师、家长以及教育主管部门不要过分看重考分，给老师和孩子留一些自由的时间和空间。

（2）广泛立体的学习。除了掌握必修科目的知识（常规的就是理解记忆），孩子们对这些知识的兴趣与探究方法也非常重要，甚至更重要。因为把理论与实践结合起来，并能进一步应用到以后的学习、生活与工作中，这才是真正的掌握。

（3）除了学校的功课，孩子们的个性发现与发展、社会沟通与交往也是重要的发展内容。这些方面的锻炼和发展有赖于孩子们课堂内外的交往体验、表达与沟通，以及兴趣项目小组活动、校园文化条件等。

总之积极的学习体验，和谐友爱的人际关系，主动挑战、展示与表达的氛围，是不同于成绩与纪律的软质量，是我校今后打造教育质量的重要方面。

二、课程的进一步丰富、整合和优化

虽然我校职业启蒙课程已经成体系，但结构和质量仍须进一步优化。

（1）需要补充更多维度、更多行业的课程内容，如孩子的个性探索、沟通与交往、工程设计、艺术设计等方面的内容。

（2）各科目之间需要进一步融合，并开设跨学科的大主题课程。尤其要注重与必修文化课及班会的融合。

（3）现有的职业启蒙课中有些课的主题性还不强，活动特色还不明显，或者概念化不够，需要进一步优化设计。

三、进一步提升教师的专业成长与职业幸福感

教师是职业启蒙课建设的首要条件，其队伍结构、观念与能力、成就动机、工作条件与支持程度，都会影响课程建设的成效。为此，我校计划在以下方面加强教师建设。

（1）根据需要引进新教师，尤其是懂心理学、善于课程与教学设计和组织的教师，以及创客型、有跨领域工作经验的教师。

（2）简政放权，通过项目设立与管理，唤起教师们主动由下而上尝试的积极性。

（3）建设自由工作、小组合作、开放沟通的校园氛围，激发教师们的创造性。

（4）通过基金资助、专家支持、工作条件的改善等方式，帮助教师们创设和改善课程。

（5）通过专家支持，帮助教师们规划和管理自己的职业生活，打造自己的教学风格与优势。

四、多渠道、多模式丰富教育资源

虽然我校已经动用了不少的家长与社会资源，但尚未形成可持

续发展的机制。为此我们计划在以下几方面进行下一步的探索。

（1）通过签订合作协议，与各行业、各层次的商业机构、科研院所、社会教育组织、兄弟学校建立合作关系，实现稳定的资源共享机制。

（2）引入专业志愿者组织和项目，把我校建设成为公共教育服务实验基地，充分引进优质员工、辅导人员为我校服务。

（3）发展校友会，鼓励他们参与日常教学，成为孩子们的导师。

（4）建立科技、商业、心理成长等多种校内实验室和展览室，助力专题教育。

五、优化发展性的管理与评价机制

教育的进一步改革与优化，必然要求改进教育管理与评价的标准与方式。为此，我们计划作以下几方面的优化。

（1）为教师减负，减少和简化管理与评价及其程序，代之以长时段的表现或作品展示来反馈教师的工作情况。

（2）淡化以个人为中心的管理与评价色彩，尝试以小组或项目组为单位的管理与评价，以便减轻教师个人的压力，增进团队合作。

（3）尊重教师的自主性，不直接干涉教师的教学工作，弱化对教师的直接评价，强调通过课程成果、孩子和家长的参与表现及作品来间接反馈教师的工作情况。

（4）鼓励和支持教师进修和参与校内外的专业交流与合作活动。

（5）创设和改善空间、时间及物质的社会性的工作条件。

第八章
实录汇编

　　以"优化课程、减负增效、快乐成长"为初衷的"快乐拓展日"在建青落地，从最初的兴趣拓展，到家校共育"家长进课堂"模式探索，再到"根与芽"、金融财商、安全教育等一系列课程内容的设定，"职业启蒙"已然融入其中，并逐渐明确为快乐拓展课程体系的目标之一。

　　针对不同年级孩子的拓展课程，围绕各自主题、结合课程设计进行职业启蒙，引导孩子对自己的兴趣、专长、特点和能力等进行自我认识。课程中我们还引入各种社会实践、职业体验，促使孩子从小思考自己将来有可能的发展方向。

　　不仅如此，"职业启蒙"的教学理念还延伸到了日常授课中，如语文、数学、英语、品社以及劳技课程等，甚至班级的日常管理中。把日常课本中的知识点与职业启蒙相关联，让孩子在体验不一样的课程的同时更有效地掌握知识点。

　　自小学一年级就开始的职业启蒙教育，学校、教育伙伴、社会资源和孩子"四位一体"，参与其中的每一方都在课程推进中收获满满。

第一节 上海市建青实验学校小学部职业意识启蒙教育目标体系

一、小学部职业意识启蒙教育"学业准备与成就"目标体系

发展领域		总目标	1—2年级	3—5年级
学业准备与成就	理解学习的价值与意义	• 了解各阶段生涯发展任务，确定阶段性生涯目标。 • 综合考量内外部影响因素，运用决策技巧作出智慧决策。	• 体验学习的快乐，知道学习的要求与挑战。	• 意识到知识及其学习途径的多样性。 • 知道所学知识与技能在实际生活中的应用，并主动实践。
	达成阶段性学业成就	• 制订学习计划并努力达成，为下一阶段学习做好准备。 • 寻找适合自己的学习方法与策略，以达成学业成就。	• 初步尝试、体会制订计划对完成学习任务的重要性。 • 感知多元的学习方式，初步了解自己的学习特点。	• 学会将学习目标与任务进行分解，能初步规划阶段性学习计划，并努力达成学业要求。 • 探索、了解各种科学有效的学习方法，在平时的学习中尝试运用。
	发展终身学习的能力与态度	• 培养主动探索、专注坚持、总结反思等优秀的学习品质。 • 具有健壮的体魄，保持良好的身心状态。	• 建立初步的学习常规与习惯。 • 了解初步的生活规范和行为准则，养成健康的生活习惯。	• 了解学习进步需要不断努力与坚持，提升学习的专注力。 • 能初步觉察自己的身心状态及其与学习的相互影响。

二、小学部职业意识启蒙教育"自我觉察与发展"目标体系

发展领域		总目标	1—2年级	3—5年级
自我觉察与发展	觉察并接纳自我	• 形成对个人兴趣、能力、价值观等的认知，并形成积极的自我概念。 • 觉察个人身心与外部环境变化，及其对学习、生活及未来发展的影响，并积极调适。	• 能够清晰表达对学科、课外活动、休闲活动等的喜欢或不喜欢，并说明理由。 • 能够描述自己擅长完成的任务和需要改进的地方。 • 能够简单描述自己的性格特点。	• 广泛体验，形成个人相对稳定的兴趣爱好，并持续投入。 • 意识到个体之间存在能力的差异，认识到能力是可以被提升的。 • 理性认识自身性格的优点与不足，避免刻板印象及自我限制。 • 识别帮助自己作出决策的影响因素。 • 科学理性地认识个体的身心变化。
	发展并建构积极的自我概念	• 具有自主发展的意识并制订计划，付诸行动。 • 平衡个人在工作、学习、生活、家庭、社会中的角色。 • 培养终身学习的热忱，整合个人成长与环境变化，促进生涯自主建构。	• 通过他人的积极反馈获得对自我的初步认知。 • 意识到自己的行为可能给自己和他人带来正面或负面影响。	• 意识到自我认知和自己学习、生活之间的相互影响，并尝试合理归因。 • 开始形成积极的自我期待，并表现出相应的行为和态度。
	理解人际差异，促进沟通合作	• 理解自己与他人在互动中的特点，觉察差异，尊重多元。	• 认识到不同的人有不同的想法和行为。 • 能够通过倾听、观察等方式理解自己与他人的不同，并学习积极反馈。	• 意识到个体之间的差异，能够倾听、尊重、考虑他人的想法，并学会通过合适的方式与他人交换意见。 • 能够描述冲突的起因与影响，并尝试用合适的方式解决冲突。

三、小学部职业意识启蒙教育"情境探寻与通晓"目标体系

发展领域		总目标	1—2年级	3—5年级
情境探寻与了解	探索各式生涯机会，了解多元生涯信息	• 知道达成目标所需的教育要求。 • 了解多元升学路径及相应要求。 • 探寻家庭、学校、社会等支持系统。 • 了解行业、职业等工作世界的信息。 • 了解当下经济、科技、社会发展样态及变化趋势。	• 知道在需要的时候，应该如何、从何处寻求可信赖的帮助与支持。 • 理解身边不同职业对社会的贡献，学会尊重不同的职业。 • 在学校和家庭中积极参加劳动，体会劳动的快乐，培养热爱劳动的精神。	• 了解小学毕业后可能的升学选择及相关要求。 • 了解在成长的过程中，可以从同伴、家庭及校园中寻求到的信息、物质、情感等方面的建议和支持及可以获得的资源。 • 理解从事不同职业需要具备不同能力，主动参与对感兴趣职业的体验和了解。 • 了解职业的变迁，理解职业与社会发展需求之间的联系。 • 探索感兴趣的休闲活动，理解休闲对于学习和工作的意义。
	掌握各类探索外部世界的方法	• 了解获取有效信息的多种渠道。 • 学会甄别、分析、评价多元信息。 • 具备在批判思考和问题解决的过程中综合使用信息的能力。	• 了解可以通过书籍、家庭、学校、社区、网络等多种来源获取信息。	• 学会通过观察、访谈、体验、网络检索等方法探索外部世界。 • 初步学会整理、对比不同渠道所获取的信息，意识到信息在可靠度上会有差异。

四、小学部职业意识启蒙教育"生涯决策与管理"目标体系

发展领域		总目标	1—2年级	3—5年级
生涯决策与管理	掌握决策技能，并理性决策	• 了解各阶段生涯发展任务，确定阶段性生涯目标。 • 综合考量内外部影响因素，运用决策技巧作出智慧决策。	• 意识到不同的选择会产生不同的结果。 • 尝试作出选择并说明选择的理由。	• 觉察个人决策过程及其影响因素，逐步树立自主决策的意识。 • 学习简单的决策技巧，尝试参与个人升学选择，并知道选择的可能结果及其影响。
	做好目标与过程管理	• 学会制订达成目标的策略与计划。 • 做好过程监控、调整与自我激励。	• 能觉察自己的时间运用情况，初步学习规划时间。	• 能够有效进行时间管理，并自我督促完成行动计划。 • 学会多种自我激励的方法，逐步学会从外部激励转变为自我激励。
	提升综合素养，适应未来发展	• 提升通用素养与领域素养，作好发展准备。 • 充分考虑未来社会的变化趋势，提高生涯适应力。	• 培养诚信、友善、守时、遵守规则等优秀品质。 • 保持好奇心与求知欲，积极探索与关注周围环境所发生的变化。	• 培养责任心、遵守承诺等优秀品质。 • 主动关心、了解社会发展现状、过程及对人们生活和工作的影响。

第二节 教师感想

和而不同　家校共育
——建青实验学校小学部"家校共育计划"的探索和实践

颜　洁

　　教育正处在一个重大的转型时期，实施家校共育是继续深化上海市基础教育改革的重要切入口。《上海市中长期教育改革和发展规划纲要（2010—2020年）》中明确指出，要动员全社会力量参与和支持教育发展，发挥家庭在人才培养中的重要作用。建青小学部以《长宁区教育局关于小学"快乐拓展日"家校共育计划实施意见》为指导，立足于学校的办学理念与"德行好、基础实、能力强、特长显、视野阔"的育人目标，开展家校共育工作的探索和实践，其工作推进的核心理念是"和而不同，以人为本"，即包容差异，尊重生命，优先满足人的发展需要，让教与学在丰富多彩的活动和生活中达成和谐，共生共长。

一、成立合力育人的"教育伙伴"团队

通过前期学部在家校共育的实践，我们发现，学校、家庭、社会"三位一体"的育人机制是学校教育的重要补充，但在现实中由于三者之间的沟通有限，且合作的方式和主观愿望又不稳定，容易造成家校共育的局限性；同时这三者在开展教育教学活动时，容易忽略孩子在成长中自我实现的需要和其主体地位，影响育人效果。按照人本主义教学观的理论，真正的学习涉及整个人，而不仅仅是为学习者提供事实。联合国《儿童权利公约》和我国《未成年人保护法》都把儿童作为一个平等的人来尊重，但是在生活中，老师、父母比较注重从保护儿童的角度去关注其生命权、受教育权和隐私权，而儿童自身的权利，如参与权、话语权，都没有受到充分的尊重。

基于上述认识，我们将家校共育的根本任务明确为：不断提高受教育者的主体意识和能力，并让其成为进行"三自"教育（自我教育、自主管理、自主发展）的主体。因此，我们联结孩子、教师、家长、社会四个核心因素，搭建家校共育的平台，成立"教育伙伴"团队（见图8.1），对孩子进行教育，即学校有需求，家长有回应，社会有支持。

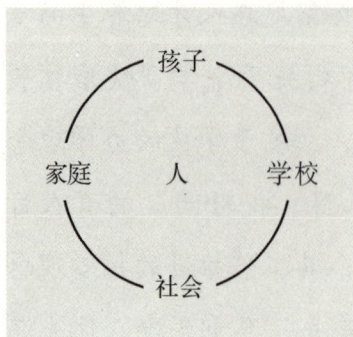

图8.1 "教育伙伴"团队

二、致力于"大阅读"文化建设

按照长宁区教育局的要求，在家校共育的三项计划中，建青小学部选择了家校共育的阅读计划，以"阅读与人生"为主题开展活动。中国有句古话，读万卷书，行万里路。"阅读与人生"是在生活体验与活动经验中，激发孩子的兴趣，培养他们的习惯，丰富他们的内心世界，提高他们在多元的现代社会生活中做事、生存的能力，我们把它称之为"大阅读"。

围绕"阅读与人生"的主题，我校开展了八项教育教学活动（见图8.2）。其中，"书香阅读""创意作文""传承经典，诗话童年"旨在通过经典诵读，培养孩子的学习习惯，为他们储备文化知识，是"阅读与人生"的基础；"家长微课堂""世界公民意识课程""梦·飞翔国际融合活动""家校共育课程"旨在激发孩子的学习兴趣，开阔他们的视野，是"阅读与人

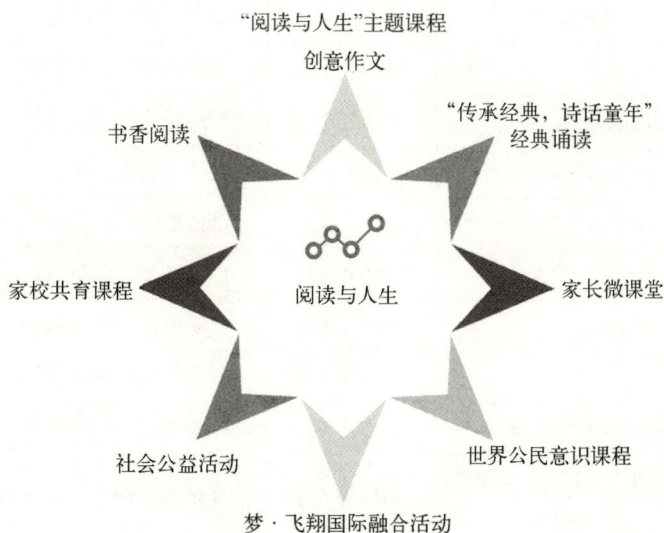

"阅读与人生"主题课程

创意作文

书香阅读

"传承经典，诗话童年"
经典诵读

家校共育课程

阅读与人生

家长微课堂

社会公益活动

世界公民意识课程

梦·飞翔国际融合活动

图8.2 八项教育教学活动

生"的拓展；"社会公益活动"则鼓励孩子将学习能力转化为回报社会、服务社会的行动，是"阅读与人生"的升华。

三、助力于多方位资源整合

校服管理工作中，"教育伙伴"直接面对厂商，提建议，把质量；校园安全管理中，"教育伙伴"出谋划策，成为爱心看护工作的志愿者；校内外活动，"教育伙伴"引进社会资源，拓宽教育途径；"教育伙伴"还自主设计家校共育标志，树立品牌观念等。以2014—2015学年建青小学部"教育伙伴"活动为例（见表8.1），在家校共育的实践中，"教育伙伴"渐渐地转变为校园安全工作的志愿者，实践活动的合作者，拓展课程的引进者、开发者、授课者，及学校文化建设的推动者。

表8.1　2014—2015学年建青小学部"教育伙伴"活动（部分）

活动内容	活动时间	孩子、家长志愿者参与管理
欣欣向荣学前教育活动	2014年8月	亲子表演、经验分享
文化之旅	2014年11月	安全管理、讲解指导
圣诞小集市 high 翻天	2014年12月	布展设计、安全防护
世界公民意识系列环境布置	2015年3月	设计、制作、布置
"我运动，我快乐"体育节	2015年4月	维持秩序、担任裁判
二年级科学故事大家讲	2015年4月	内容准备、参与评比
"梦·飞翔"版画展	2015年5月	布展设计、安全防护
文化之旅	2015年5月	安全管理、讲解指导
"经典·嘉年华"节目展演	2015年6月	排练参演、信息技术支持
"有趣的旗帜"国际融合课程交流	2015年6月	提供课程资源、信息技术支持
文化之旅	2015年10月	安全管理、讲解指导

活动内容	活动时间	孩子、家长志愿者参与管理
校服管理工作	2015年10月	提出建议，质量把关
学习准备期总结	2015年10月	亲子互动、家校交流
教育伙伴logo（标志）设计	2015年10月	参与宣传、设计评比

四、构建"诸育融合，全面育人"的校本课程

学校依据"二期课改"精神和学校办学理念，开设有利于孩子个性发展和终身发展的拓展课程，在校本课程的开发实施过程中，注重平稳过渡、有效衔接、减缓坡度、双向靠拢，努力打造学部特色课程。

我们按照课程结构，将校本课程分为思维训练、特长项目、特色课程三大类。

思维训练课程，是以启迪思维为目标，激发孩子学习兴趣，引导他们独立思考，挖掘他们的学习潜力，提高他们的逻辑思维能力的课程，如数趣、数学嘉年华等课程。

技能项目课程，是以兴趣培养、技能提高、特长形成为主导，注重孩子综合能力培养的课程，充分体现"兴趣＋特长"的学校育人目标，鼓励孩子学有所长，掌握1—2项艺术或运动技能。结合学校特色项目建设，分别开设了手球、足球、羽毛球、健美操、乒乓球、武术等运动类课程，以及合唱、舞蹈、管乐、版画、书法、形体等艺术类课程。

建青实验学校是上海市最早的幼、小、中三段一体的"十五年一贯制"学校，学校坚持科学发展观，努力创建"实

验性、创新型、国际化"的实验学校。结合学校实际特点，在特色课程上我们注重培养、开阔孩子的国际化视野；提升他们的传媒与语言素养，通过接触、体验来认识世界，开阔眼界，培养他们的自主意识和实践能力。

学校的特色课程主要包括：国际融合类——Drama课、有趣的旗帜fun with flags、中华名胜、快乐英语等；传媒和语言类——小记者、摄影、计算机、动画作文、诗情画意、创意美术等；世界公民意识——根与芽、安全与健康、小脚丫走天下、地球探索等。上述课程中，有一部分课程是家校共育课程，是为有不同需求的孩子设计的开放性课程。为此，我们调整了"教育伙伴"团队成员的分工，分为司法、商业、专家、创新、心理、媒体、公益、志工八大类，资源整合，形成课程。在校长的主持下，学部国际融合试点班开设了戏剧课程；一年级引进上海公民警校的"安全"课程；二年级引进"根与芽"课程；三年级由学校组织开发"小学生职业启蒙教育"教育课程；四年级开发了"有趣的旗帜"等。

表8.2 2014—2015学年建青小学部部分家校共育课程

家校共育课程	课程内容与目的
小学生职业启蒙教育	分为"了解自己""追逐梦想""职业梦想"等八个单元，尽可能帮助孩子了解不同的职业，向他们显示教育和这些职业是如何相关的，希望展现给孩子一个有规则而无答案、有合作而无权威、没有确定性但充满可能性的世界。
儿童安全课程	为了让孩子在紧急情况下能用平时学过的知识保护自己，必须对他们在心理上、技能上进行培训。在上海公民警校的支持、协作下，开设了"儿童安全课程"，开展专业的技能培训。

家校共育课程	课程内容与目的
快乐足球	培育足球文化，可以传播体育精神。孩子通过"快乐足球"趣味性的足球游戏，学习足球运动的基本知识，掌握基本技能，同时也是智育和德育教育的一种有效途径。
有趣的旗帜	课程以各国国旗为切入点，由东华大学学生讲述各国的风土人情、宗教文化、自然风光，帮助孩子初步了解国际文化，培养良好的跨文化沟通能力。

五、行动反思

在围绕《长宁区教育局关于小学"快乐拓展日"家校共育计划实施意见》开展家校共育的工作中，孩子、家长、教师及关心教育的人士都反馈，在家校共育的积极互动中获得的成长十分显著。

如我校的一位学生家长，在参与了学校"根与芽"课程的授课之后说道："希望能够让越来越多的爸爸老师和妈妈老师加入家校共育的大平台，在见证孩子们成长的同时，不断推动家长和学校的自我完善。同时，对于我来说，将进一步思考如何在下堂课上更好地把握重点，紧紧围绕'根与芽'的主题思想，引导孩子们天马行空、脑洞大开地发挥想象力。"

再如，一位家长讲师团的家长这样说道："成立家长讲师团，能充分发挥学生家长的行业优势，为孩子的社会实践提供场所和技能指导，最大化开发和利用社会教育资源。讲师团成员根据自己的工作性质与特点，定期举行内容丰富、形式多样的讲座，如医务工作者进行生命健康教育，司法工作者宣讲法律知识，种植能手进行现代农业科技指导等。以上做法，将学校、家庭、社会有机结合起来，为孩子的幸福、快乐成长创设了和谐的大教育环境。"

这让我们越发明确家校共育是一项集体性、协作性的工作，越发感受到家校共育中成长的"人"，不仅包括目标主体——孩子，也包括行动主体——教师、家长及一切参与教育的社会有识之士，他们一起构成家校共育互动成长的共同体。

2015年3月，由孩子自主创建的红领巾小记者社团成立不久，就开展了不少活动，活动效果令人瞩目。社团向全体学生征集小记者的马甲设计，得到了积极响应。孩子、教师、家长民主投票，从入围的60余幅作品中选出了最佳作品，制作成建青小记者的正式着装。

小记者们在校园内采访热点话题，在社区的大型活动中采访居民，他们不是被动的相机，按快门只记录不思考，而是在实践体验中学习、认识的主体，他们在其中得到快速发展，并产生了更高的目标。与此同时，社团指导老师也看到了小记者们的成长，向学校提出深入学习以提升指导小记者社团的水平的要求。于是，学校整合科研老师、摄影老师、"教育伙伴"团队的媒体资源，提供校本课程开发管理的经验，激发老师开发小记者课程的热情。类似的情况也发生在小学生职业启蒙、"有趣的旗帜"等课程开发的过程中。正是本着"和而不同，以人为本"的理念，教师才能在教育他人过程中，发现问题、解决问题，提升自己，实现共赢、共同成长。

虽然我们在家校共育的工作中，付出了很多也有所收获，但是学部的家校共育工作还在探索前行的路上，还有很多的不足、困惑。例如，家校共育的平台，在以孩子为主体的同时，如何为家长、教师发展搭建实现自我价值的云梯，如何为教育的发展提供适度的资源？……这些都是我们下一步努力的方向。

职业意识启蒙课程的评价

孔丽萍

结合课堂表现、学习表现和快乐拓展日职业体验，结合学校可视化的"棒棒堂"评价工具，对孩子进行动态的发展性评价。

每个学科都承载了独特的学科功能。职业意识启蒙教育是为了促进孩子的社会性发展。在职业意识启蒙的课程中，如何贯彻落实课程标准关于评价的要求，通过评价来促进课程的实施、师生的发展，以评价服务于教师、服务于孩子、服务于家庭教育，我们创新研发了以"棒棒堂"为主导的多元、多维度的评价工具，进行了"棒棒堂观测评价体系""豆朋软件信息平台""校本等第评价"等评价系列探索，在推进、提高评价实效的过程中不断积累科学经验。

一、"棒棒堂"评价工具的含义

"棒棒堂"是棒棒糖的谐音，它源于生活，富有童趣，顺应天性，尊重个体，拓宽了教师和孩子的视野，受到师生喜爱。它旨在用多元化、多维度的评价方式呵护孩子的方寸之心，在核心素养的挈领下帮助孩子从小课堂走向大世界。

"棒棒堂"是一个有温度的评价体系，是了解师生内心的真实需求后，从孩子中来、回到孩子中去的一种评价文化。

二、职业意识启蒙"棒棒堂"体系的实施

职业意识启蒙教材资源本身的丰富内容为教学的成功实施和有序开展提供了很好的资源平台。我们在教学时充分利用好配套的活动作业，根据本校孩子的实际情况自主设计更有针对性、灵活性和开放性的活动作业。教师则对孩子在活动过程中各方面的表现进行评价。以"棒棒堂"为主导的多元化、多维度评价工具，以多个触角深入课堂、作业以及实施阶段的各个方面，从课堂延伸至课外，肩负不同使命，引导教师共同打造充满生命力的评价空间。

课堂"棒棒堂"由一大一小的师生评价工具组成。在对应三个维度的圆圈内记录表现优秀的孩子的学号，教师的大评价工具具备彰显榜样、带动全体、树立导向的作用。与之呼应的孩子的"小企鹅"评价工具则有助于实现对大多数孩子的关注，多维度的客观评价让每个孩子都在激励中体验学习成就。课前结合学习内容，备课组共同商议并设定评价单的课堂评价观测指标，并清晰描述课前、课中、课后活动设计在学习兴趣、学习习惯和学业成果三个维度中的表现评价标准。评价主体的多元，让孩子的实际认知能力和创造力得以释放，"自评"促进自我反思，"互评"激励了同伴间的相互学习和交流，"师评"让师生关系和谐而达到教学相长，课后实践作业的家

长协作评价，也带给家长们更多专业指导。学期末将"小企鹅活动作业评价单"汇编成册，为每个孩子留下成长印迹。

课堂"棒棒堂"评价是作为即时评价的载体，豆朋信息技术的介入，则是阶段持续评价的跟踪记录。活动作业"棒棒堂"，是产生于大数据平台的协助评价，为跟进、改变教学行为提供了可能，进而服务于师生教与学的共同成长。课堂中是否认真完成所有活动、发言时声音是否响亮等观测点涉及对孩子学习习惯的调整，活动中的判断、辨析能力及对课后解决问题的能力记录则是对孩子课堂学业成果的考量。持续的跟踪记录客观呈现了每个个体在群体中的优势和劣势，进而帮助教师对自身教学行为进行分析和反思，针对差异实施个性培养。

我们打破品社课程的壁垒，尝试从课堂走向课堂外，依托长宁区区级重点课题"家校共育建构小学职业意识启蒙课程的行动研究"，探索品社课堂教学评价和跨学科评价整合，将品社学科评价纳入学校职业启蒙主题式评价体系中，成为连接其他学科的主线。游戏"棒棒堂"，即以系列主题活动，以开放的视野对孩子作出阶段性评价，为《成长记录册》阶段性评价提供依据。在开展的各项实践活动中，以孩子为主体，教师为主导，家长为教育伙伴，社会实践为平台，交流展示为评价，以主题实践体验活动、社会考察等形式开展综合"棒棒堂"，让"棒棒堂"空间无限伸展。对孩子参与活动的情感态度、方法能力等给出综合评定，并在"职业护照"中给予表彰和总结。

职业意识启蒙课程评价不应是静止的、唯一的，而应是多元化、过程性的，具有开放性的特点。促进孩子知、情、行和谐统一与个性化发展，始终是我们的出发点。"棒棒堂"评价体系灵活运用孩子自评与互评、教师评价、家长评价、社会评价等多主体的评价方式，在尝试建立以校为本的评价标准中，持久地发挥激励教育的作用。

最终以"梦想护照"的过程性档案记录方式，体现学习是通向未来的证明，以孩子自我评价、互动评价为主，鼓励孩子通过活动充分管理自己、表现自己，培养孩子良好的生活习惯、学习习惯和交往习惯；以教师评价和家长评价为辅，促进孩子发展。根据课程，设计"职业护照"的评价记录册，鼓励孩子通过自我参照、自我反思，进行自我评价，旨在落实课程实施的三大主题——自我认识、职业认识和责任意识，发挥孩子的自主性和创新性，促进孩子自我发展，参与并且融入社会。

一本"梦想护照"开启孩子寻梦的路程、追梦的脚步……

我与职业启蒙课程共成长

童　璐

"老师，我不知道自己的兴趣爱好是什么？""老师，我好像没有什么特别之处。""老师，我不知道该用一个什么词来形容自己。"……

人的生涯发展既是一个自然生命的成长过程，也是一个自我设计与创造的奋斗过程。小学阶段是生涯发展的早期阶段，也是重要时期。职业生涯教育应该从小学开始，这早已是国际共识。

小学生职业启蒙课程是我们的校本课程。在所有参与课程开发的老师的共同努力下，经过不断探索与实践，我们已经有了配套的校本教材。我们的小学生职业启蒙课程以孩子的终身发展为目标，让孩子学会认识自己的个性特征、兴趣爱好，增强对生命价值、生活意义的理解，提高对自身发展潜力与未来人生道路的关注，把所学知识与理想追求建立联系，学会规划未来与人生发展的方向。课程主要内容之一便是"我的生活与职业"，侧重于孩子自我意识、自我认知、自我管理、人际交往、压力应对等基础性教育，目的是帮助孩子了解自己，促进孩子养成优秀的人格，提高他们的社会适应能力。

一、课程为谁而设

第一节职业意识启蒙课，通过制作"我的个性名片"，让孩子进一步了解自己。可是，活动过程令我感到有些意外。"老师，我不知道自己的兴趣爱好是什么？""老师，我好像没有什么特别之处。""老师，我不知道该用一个什么词来形容自己。"……这一系列问题困扰着班上大多数孩子。他们在制作名片时，有的露出焦躁不安的神色；有的紧盯着需要完成的"名片"，可就是迟迟不动笔；有的在与同桌小心翼翼地讨论着；还有的干脆向我发出"求助信号"。

原来，制作"我的个性名片"对小学三年级的孩子来说是一项具有高挑战性的任务！长期以来，我们老师都习惯于从自己的角度，从以往的经验出发，把我们认为好的、有用的教给孩子，却很少去思考他们在想什么，他们真正的需求到底是什么。这节课中，孩子的课堂表现引发了我对在小学阶段如何进行职业意识启蒙课程的进一步思考。课堂教学的对象是孩子，教师一切教学行为的展开都应以孩子为本，校本课程教学内容的确定、教学方法的选用，都应基于他们的需求，充分考虑是否符合他们的身心发展规律。

二、真实的课堂是什么样的

在制作"我的个性名片"这一教学环节中，看到孩子们手足无措的样子，看到他们交给我的不是很完整的"名片"，我产生了一丝挫败感。但我很快调整好自己的状态。孩子们出现这样的反应是正常的啊！正因为他们对自己不是十分了解，才需要相应的课程、相应的活动来帮助他们了解自己。

于是，在问题指引下，我查阅资料，请教其他老师，对部分孩子进行访谈，调整教学设计，与大家一起讨论，总结出一些较有针对性的活动方案，比如名人故事分享、认识同学眼中的我、认识家长眼中的我等，希望能够帮助孩子们认识自己，包括认识自己的优缺点、性格特点、爱好特长等。

几周后，我再次要求孩子们制作"我的个性名片"。这次，我收到的"名片"基本上都是完整的，我对他们说："你们的名片做得太棒了！老师甚至不用看你们写的名字，也能猜得出名片的主人！"

"老师，您能不能读一读我们写在名片上的内容，让我们也猜猜？"在最近几次职业意识启蒙课程中，参与课堂活动积极性日渐高涨的小范同学兴奋地说。在他的带动下，越来越多孩子提出了这样的要求。

"当然可以！"越来越多的孩子对自己制作的"名片"充满信心，越来越多的孩子对自己有了进一步的了解，我爽快地答应了他们。于是，我们开始了"猜猜他是谁"活动。

能引发孩子学习，教师"教"的价值才得以发挥。孩子真正参与的课堂，才是最真实的课堂。然而课堂也只是为孩子和教师提供了一个共同学习的环境和契机，师生双方应重视对方的主体体验。为此，教师必须重视在课堂教学过程中随时进行学情分析。一方面，教师要给予孩子充分的思考时间和交流、表达的机会，通过观察和倾听，及时了解他们所思；另一方面，教师要密切关注他们的学习状态，并从有利于孩子发展的角度出发，有效开发和利用课堂教学中的生成性资源。

三、行走在课程探究的路上

美国著名的职业指导专家、职业生涯发展理论的先驱和典型代表人物金斯伯格将一个人从儿童期到成年前的职业选择过程分为三个阶段——幻想期、尝试期和实现期。他认为，小学中高年级段的儿童会想象他们将来会成为什么样的人，会在儿童游戏中扮演他们喜欢的角色。

在相应理论的指导下，在孩子们对现阶段的自己有了初步认识后，课堂内外，我和他们一起观察、一起讨论，指导他们进行角色扮演。现在，他们对各种职业也有了更深的了解，知道每种职业的工作要求、工作内容和所要付出的艰辛。希望他们能在今后的学习中继续寻找自己喜欢的职业，培养对职业的兴趣和爱好，树立职业理想，规划自己的未来。

在职业启蒙课程的实施过程中，我深刻地认识到以学为中心的课堂的重要性。每个孩子都是一个具有生命力的独特个体，作为教师，我们应将孩子视为积极的参与者，与他们进行对话，倾听真实的声音，进而立足于他们的学习事实，寻求适切的改进行动，帮助达成教育目标，达到个体应有的发展高度。

你们的未来不是梦
——在英语课程中培养小学生职业意识
王 伟

把英语教学和职业启蒙有机地结合，不仅可以提高学生学习英语的兴趣，而且还可以提高学生的综合职业素质和能力。

在经济全球化的背景下，英语作为一种交流工具，越发显示出其重要性，对小学生来说也是如此。学校英语教学的任务，不仅要让孩子学习到一定的英语知识，提高其运用英语的能力，更是要在英语教学的过程中，培养他们全面的、综合的能力。这其中就包括培养孩子的职业意识，进行职业指导。在英语教学的同时，把这两方面有机地结合起来，不仅可以提高孩子学习英语的兴趣，而且还可以提高他们的综合职业素质和能力。

为了配合我校小学部的职业意识启蒙行动研究，对孩子进行职业启蒙教育，帮助他们更好地认识自己、发展兴趣、培养习惯和社会责任感，2017学年第一学期，我在四年级开展了以"职业启蒙"为主题的英语课Jobs。

我先以歌曲《Be What You Wanna Be》导入本课主题，等歌曲唱完，自然地引入本课的讨论活动，即以"What kind of people are you going to be in the future？"为主题展开讨论。四（6）班一些英语能力较强的孩子用流畅的英语句子述说了自己的职业理想。由于职业话题比较接地气，平时不大发言的孩子也用英语简单地表达了未来想做一名教师、医生或护士的想法，大家的职业想法各具特色。其中James说"我想要成为一名消防员，拯救一个人的生命令我自豪，我想成为一名英雄，去帮助需要帮助的人……"，给大家留下了深刻印象。随后，我用PPT向孩子们教授了fire fighter、teacher、doctor等常用的职业词汇，同时为了让他们能更好地理解各个职业的特点，我还用英语描述了各种职业的特点，如 A teacher can give lessons to students. A firefighter can put out fires. A doctor can help sick people.……这样让孩子们对各行各业有了更深入的了解，为以后的职业选择提供依据。然后我又说，"What kind of people are you going to be in the future? And why?"引导孩子再进行讨论，并在前面的基础上增加了为什么选择这个职业的提问，引导他们选择和自己志向相符的、适合自己兴趣和特点的职业。这一阶段孩子们的讨论比一开始更热烈也更有深度了。最后我引用"All roads lead to Rome."等英文经典名句，向他们讲述正确的职业规划意识。活动最后，孩子们在作业本上写下自己的职业梦想。这一节课，不仅是一节普通的英语新授课，更是一次重要的职业启蒙。

常听到这样的说法，因为教师的一句话、教师的关怀和引导，使孩子产生一个美好的愿望并努力实现。我刚参加工作时有一位学生家境贫寒，班主任老师非常关心她，常给她买吃的，有时也会给她买一些衣物等，她非常感动。于是在她幼小的心灵里产生了"长大我也要当老师，像我的老师一样帮助学生"的想法，这其实也是一种职业启蒙吧。在本课的英语教学中，我将英语学习与培养孩子职业意识联系起来，在帮助他们学习英语知识、提高运用英语能力的同时，注意培养他们的职业意识，使英语教学与职业指导完美结合。在平时的课堂中融入职业启蒙与规划教育非常重要，因为其目的是让孩子认识自我、了解职业、体验社会，从而准确规划自己的美好未来。

"我们的新操场"实践操作案例
——在劳动技术课程中培养小学生职业意识

邓青华

通过劳动技术课的一次综合实践，孩子们不仅受到了职业启蒙，还真正为学校做了一件实事，非常有成就感。

"我们的新操场"是一项综合实践内容。它是五年级第一学期最后一个学习内容，是一个复杂而充分体现小学劳技课程乐趣的内容。从前期对操场的调查与汇报，到新操场整体设计布局，再到单件器材或设施作品的设计制作，最后到整体组合安装调试，在整个教学内容的实施中，我尝试对孩子们进行职业启蒙教育。

劳动技术课程比较容易对孩子进行社会意识类及实践操作类职业的启蒙。在"我们的新操场"中，我着力培养了孩子建筑师的职业意识及素养。

第一个环节——调查与汇报的实施。主要内容是要求孩子去操场实地调查：学校操场上有哪些项目设施？室外操场上配备哪些体育器材和设施更合理？这个环节，不但让他们了解了实践活动的主题——学校操场，还无形中让他们接触了社会调查员这一职业，学习定向关注身边的事和物，并且从收集的信息中分析出一些具备社会意义的结论。学校操场是孩子们再熟悉不过的地方，可实践活动开始前我问过他们是否清楚学校操场的每个角落都有哪些体育器材和设施，结果只有部分孩子了解，并且他们也只了解各自感兴趣的设施。基于此，我设计了课前调查学习单（见表8.3）。

表8.3 《我们的新操场》课前调查学习单

设施和器材 ＼ 方位	东	南	西	北	中

这个学习单的设计融合考查了孩子们对方位的认识，对方位范围内器材和设施的认识。他们以小组为单位完成这些调查。在调查过程中，他们需要去访问和咨询体育老师，调查和访问的技巧自然蕴含了"社会调查员"的相关职业知识。只有专业的提问才能得到最科学和最有成效的回答，而彬彬有礼的访问也能得到最诚恳的回答。

在记录访问结果的过程中，养成的学习规范让他们懂得使用合适的访问器材、记录板以及记录方法。此外，通过调查访问去了解情况、发现问题的过程，也培养了他们对学校的一种责任意识。在充分了解学校操场上拥有丰富齐备的器材和设施后，孩子们很是欣慰，还有一些自豪。本着主人公的责任意识，他们还是对一些陈旧器材和设施提出了更新改造的愿望。

在第一个环节充分完成的基础上，孩子们产生了要改造操场的念头，开始设计"我们的新操场"。**第二个环节——新操场的整体布局和设计**，自然而然地跟进。在这个环节中，我引导他们去体验和了解设计师这一职业，让他们知道设计师这个光鲜亮丽的职业背后，需要很多专业知识的积累以及努力的付出。

孩子们分小组讨论方案，提出要保持大部分原有结构，进行局部调整和更新。"老师教导我们要物尽其用，我们学校操场上的很多器材都还可以用，只需要再增添些大家都感兴趣的设施或器材就可以了。""改造整个操场既费时又费钱，局部更新改善也能达到更好的效果，而且还环保、节省能源。"在孩子们的表述中，我体会到了他们的大局意识和责任感。

方案之后就是具体布局了。我为孩子提供了一个画有操场平面图案的塑封底板，他们可以用即时贴在上面添置器材和设施。紧接着就是**第三个环节——单件器材或设施作品的设计制作**。在这个环节中，材料与工具的选择运用，又非常好地培养了孩子的动手能力，同时也是一次作为手工匠人的体验。教材配套的材料包不够用，孩子们开始寻找身边的材料，尽可能地实现废物回收利用，比如面包袋的包扎绳、塑料小包装盒、废旧小药盒、牙膏盒等。这些材料从孩子们的家中集中到了劳技教室的材料盘中，成为设计制作的绝佳材料。他们利用废旧纸盒制作了操场上的司令台，用吸管和废旧包装纸做了红旗，用装大蒜头的网状包装袋做了球网，用浅蓝色的塑料包装盒做出游泳池……孩子们对材料的熟练运用，一方面显现了高超的动手能力，另一方面也告诉大家变废为宝就在身边，设计师就是需要一双能"发现宝贝"的眼睛和一双能"变废为宝"的灵巧的手。通过劳动技术课的一次综合实践，孩子们不仅进行了职业启蒙，还真正为学校做了一件实事，非常有成就感。

第四个环节——按照设计图纸进行安装施工。在这个过程中，孩子们需要团队协作完成。由于每组都只有一块底板，小组成员需要商讨好安装顺序才能提高效率。有的小组在协商中找到了四个面一起朝中间施工的好办法，因为这样操作既互不影响，又能节约时间。到了局部需要同时施工的时候，小团队成员们就通力合作，能力强的操作比较难的部分，能力比较弱的此时就充当帮手。如此往复，直至安装完成。紧跟着的是调整。在劳技课堂上，每件作品完成之后，我都会要求他们看看是否需要作最后的调整，把好"产品质量"关。对作品保持精益求精的质量意识，就是一种对产品的责任。很显然，劳技学科就是培养这种责任意识的阵地。

本课堂案例，仅仅是我针对职业意识启蒙在劳动技术教育过程中实施的一个尝试，有许多不足之处，还须不断努力！

第三节　家长感言

财商教育是一门人生的大课
——谈财商课程对家庭教育的影响

教育伙伴、康之域妈妈　蒋娅娅

金融财商课程教给孩子的是一门生活的学问，所有课堂上的知识点都能在潜移默化中变成生活的技能。

我和孩子爸爸出生、成长于传统的家庭，一直延续着传统教育的一些固有理念，我们理所当然地认为在孩子对社会认知还很懵懂时，尽量不要在他面前提及"钱"，日常生活中更是很少让他触及。我们会在自己能够承受的范围内尽可能满足孩子的需求。所以在进入小学之前，我家小朋友除了知道"钱"的存在，对于"钱"几乎没什么概念，更不用说理财规划、金钱观了。然而，这一固有理念在孩子进入小学之后转变了。建青JQ-MAP的课程体系中有一节金融财商课，给刚入学的孩子教授各种与"钱"相关的知识，让孩子对财富有正确地认知。财商本就与日常生活息息相关，孩子在课堂中学到的点点滴滴，很快就在生活中体现出来，认知能力的提升，行为习惯的改变，时常给我们带来惊喜。

一、我要打工赚钱

一天，孩子放学回家郑重地宣布要找一份工作赚钱。我们都很好奇问为什么。他说他终于知道钱是如何得来的了，是通过工作劳动换取的回报。而在那之前，每每问他钱从哪来，答案总是"爸爸的口袋"。对于孩子的工作请求，我们欣然接受，爸爸也郑重告知外面的工作都是针对18岁以上的成年人，未成年人只能在家里"工作"，建议他在家务中选择一项。择业可是人生大事，他开始非常认真地思考和自我分析：如果选洗碗的话，怕把碗盆摔在地上；如果选扫地的话，扫把用得不太熟练，没有把握把地扫干净；如果选洗衣服的话，洗衣机通电的，小孩子不好随便碰……思考良久后，他终于选定一项家务，即整理鞋柜和鞋架。我们商量后决定每天他可以整理一到两次，每次会有1元钱作为回报。就这样孩子开始真正参与家务，慢慢地也越来越能理解大人外出工作赚钱的辛苦。

二、我有小小账本

自从有了一份不算多的劳动报酬，小朋友还专门做了一个小账本，把每天的劳动所得，还有之前长辈们给的压岁钱都一笔笔记下来。

在孩子对"钱"有了更深的认知后，渐渐地，他不再像以前一样随意地提出购买需求，有特别需求时会先问物品的价格，再对比账本上的数字进行一些取舍。

三、我会精打细算

在一次超市购物体验中，我们惊喜地发现小朋友对消费有了一定的规划。去超市之前，他问我带了多少钱以及必须要买的东西，做了一个购物单，然后有点小私心地问了句："如果钱有剩余的话，可以买一桶薯片吗?"我欣然答应。在购物过程中，他的兴致特别高，照着购物单帮我找齐了所有物品，而且为了让钱有剩余，他还主动去比较价格，选择一些打折或特价的商品。在合理规划之下，最后剩余的钱比预想的要多，他如愿得到了薯片，还给妹妹买了一包曲奇。

通过自己的努力达成购买薯片的心愿，通过爱心分享，给妹妹赠送礼物又提升了自我价值，他很有成就感。由此我也更加认可了"财商教育从娃娃抓起"的理念。

金融财商课程教给孩子的是一门生活的学问，所有课堂上的知识点都能在潜移默化中变成生活的技能。财商教育更是一门人生的大课，终极目标是为了提升孩子的幸福感，培养孩子理性选择、有效克制、有序规划和感受幸福的能力，而金钱和财富只是实现这个目标的工具。

如何从专业角度助力财商教育

教育伙伴、康李景诚妈妈　李彩云

　　整个财商课程的内容应遵循经济学和管理学原理，按照逐步深入的原则来进行课件设计，这样才能确保课程的合理性、完整性和丰富性。

　　给小学生开展财商教育，是非常大胆且新颖的尝试，尤其是在没有任何成形的经验可以参照的情况下，具体呈现给他们什么样的内容，用何种形式去呈现？最初，教育伙伴及老师们都一筹莫展。

　　回忆初次接触财商课时，我非常陌生，甚至需要去搜索一下什么是"财商"，直到后期和其他教育伙伴一起参与其中，我才开始作一些思考。在我看来，给孩子们上财商课而且持续五年，有几个关键点需要把握。

　　首先，由于课程时间跨度长，从一年级一直开设到五年级，所以内容的设计要根据孩子年龄段的特点由浅入深、由易到难、由点到面，而且一定要保持完整性和连贯性；第二，小学生的财商课一定离不开动手和实践，所以设计课程时要在每个课题内加入互动环节；第三，给孩子们上的财商课一定不是以真正的"财"为目的，要在授课过程中引入传统文化等，向孩子们传播积极、正面的财富观。

　　这三点当中，最难的就是第一个关键点——如何才能让财商课程具有一定的完整性和连贯性，如何由易到难、由点到面。

我个人认为应该从以下几方面入手：（1）课程整体内容的设计应基于一些经济学和管理学原理和知识。不可否认，无论是何种课程，如果没有一定的理论在背后支撑，内容很难做到连贯和充实饱满。基于这方面考虑，我认为课程应从经济学和管理学的最基本含义出发进行设计。经济最基本的含义就是经世济民，通俗点说就是人们通过掌握部分经济原理去更多地创造自己的财富，并合理利用和分配财富，而这些恰巧对我们的财商课是非常好的理论补充。按照这个基本原理，我们把课程分为知钱、赚钱、花钱和生钱四个部分。

（2）每一节课的课件内容设置要用深入浅出的方式体现专业知识，让孩子们真正有所收获。我觉得应在每一课时的内容里都给孩子们渗透一点经济学原理，但刚开始时又担心低年级的孩子不能理解。不过，经过了几节课的尝试和磨合，发现孩子们还是能够接受简单的、与生活结合的经济学知识点。以我亲自参与的"漫谈人民币"这一节课为例，在"人民币的用途"这个问题上，我引入了价值尺度的概念（见图8.3）。

价值尺度是个专业词，但如果我们用孩子身边的事物和他们能接受的方式来举例和解释，他们还是有可能理解的。如图中所示，我告诉他们生产手机和铅笔的成本和时间不一样，哪一个用得多就是哪一个价值更大。但这个价值用什么尺来衡

图8.3 人民币的用途

量呢？这把尺就是货币，在我们国家用来衡量的是人民币，它起到的就是价值尺度的作用。这样听起来一切都变得容易了。

再以"赚钱"这节课来说，为了让孩子们明白"钱不是万能的"这个道理，我引入了管理学中的马斯洛需求层次理论（见图8.4）。

同样的，我也一度怀疑过自己的这个想法，但最终我

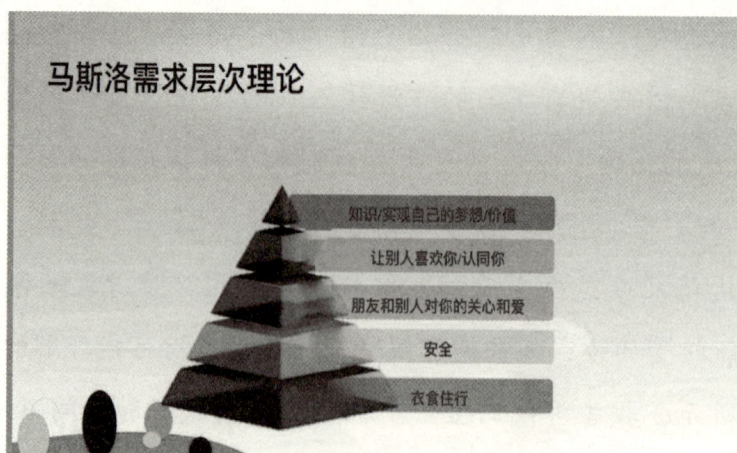

图8.4 马斯洛需求层次理论

用浅显易懂的表格和文字呈现在孩子们面前，帮助他们去理解。图8.4告诉孩子们钱可以让人们实现衣食住行和安全的需要，但从第三层"朋友和别人对你的关心和爱"往上走，就是钱所不能办到的了，孩子们完全可以理解这个知识点。在教授的过程中，我始终把握了一个原则，就是"深入浅出"。

（3）将课程每一个部分的内容按照经济学和管理学原理由易到难、由点及面进行设计，由于时间跨度长，要确保连贯性，同时又要考虑到孩子的年龄特点，所以在课程设计上我们必须要基于选好一个点再逐步深入的原则。以"知钱"这部分为例，在货币经济学上，关于这部分的脉络大致包括货币是如何产生和演变的，货币如何发行，货币、商品和价格之间的关系，货币的需求和供给如何平衡等。根据这个脉络，就"知钱"这一模块，在一年级第一课时带小朋友们认识了人民币的外观后，第二课时就设计了货币如何产生和演变的相关内容，而到了三年级关于人民币这一个模块，课件内容就涉及人民币是如何发行的，从内容的深度和广度上根据孩子的年龄增长不断加深扩大。

在我看来，整个财商课程的内容应该遵循以上提到的部分经济学和管理学原理，按照逐步深入的原则来进行课件设计，这样才能确保课程的合理性、完整性和丰富性。当然除了和专业原理相结合的内容，课程的呈现形式以及实践等同等重要，缺一不可。

建青是座植物园——记建青根与芽小组实践

教育伙伴、顾舒心妈妈　苏俊华

"根与芽"课程神奇地把学校、家长、孩子以及美丽的校园融合到一起，互相作用，共同成长。

建青校园是一座值得每个建青人骄傲的美丽校园，就像她的名字一样，每一个春夏秋冬，青青的校园，草长花开，默默无声地滋养着学子们。

作为一名在校学生的家长，我与建青的缘分远不止女儿小学五年的欢乐时光，我也从来没有把自己定位于一个只关注孩子学习的家长。作为"教育伙伴"，我为建青的一群孩子引入了国际公益组织"根与芽"的自然环保课程，并与家长们一起走进教室授课。在美丽的建青校园里发生了太多难忘而动人的故事。

2015年，当时我已在"根与芽"国际环保公益组织当了多年的志愿者，同时也是建青"教育伙伴"团队成员之一。校领导以开放的态度欢迎"教育伙伴"共同参与到孩子的教育中来，于是我想到把"根与芽"根植于亲近大自然的环保课程介绍给孩子们，我的提议得到了积极回应。随后的对接工作开展得很顺利，很快在新入学的一年级成立了建青"根与芽"小组。整整五个班级近200个孩子，这大概也是中国最大规模的"根与芽"小组了。今年这些孩子已升入小学四年级，在这四年中，每学期的"根与芽"小组活动都没有间断过。更难得的是"根与芽"课程的老师不是外派来的志愿者，他们就是来自我们家长组成的团队。四年来，总计有超过50位家长参与过志愿者工作。"根与芽"课程神奇地把学校、家长、孩子以及美丽的校园融合到一起，互相作用，共同成长。

我觉得用"成长"来概括这个课程所带来的成果再贴切不过。孩子们通过"根与芽"国际化的视野，了解了当前的生态环境问题，学习了丰富的动植物知识，还对校园进行了定点观察，学着用自然笔记等方式作物种记录。这些生动有趣的内容，不仅是课堂教学的有益补充，更开拓了孩子们的知识面，无形中培养了他们更开阔的思维角度和方式。

获得成长的还有参与志愿者活动的家长们。家长们都怀揣着一颗热心，我们先开动员大会，然后共同学习、共同备课以确保输出信息的准确性，每次课后还会开会或在微信群中分享感受，总结经验。老师们也一起参与，分享授课的经验。家长们做的准备也是超出预期的，这些年的志愿者工作中，涌现了一批能力强、创意佳的"教育伙伴"。他们有的根据自己专长在备课时提供了很多灵感，也有的夫妻一齐上阵，他们中发生的各种故事说也说不完。

"根与芽"课程从一开始就深受孩子们的喜欢，久而久之还成为他们每周三下午的念想。孩子们都棒棒的，自然笔记的作品被多家媒体采用刊登。建青"根与芽"小组的创新活动还多次受到"根与芽"青少年活动中心嘉奖，在2018年的上海自然教育论坛中还被作为优秀案例分享给来自各地的自然教育者。

对我个人而言，"教育伙伴"的身份让我与建青校园有了更深的联系。我自己本身是上海市自然导赏员，因为女儿顾舒心在建青上学，我们就约定定期进行校园行走，把校园的美记录下来，于是《建青是座植物园》的微信推文应运而生。舒心负责拍照记录，我则用文字介绍校园的植物及它们在二十四节气里的不同样貌。这也为我们创造了难忘的亲子时光。后来，班上的同学们还成立了"护绿小队"，以小自然讲解员的身份，向老师、家长以及其他到访校园的客人介绍建青丰富且美丽的校园植物。舒心从小就喜欢在大自然中探索，大自然中太多的不解之谜带给她很多思考。她在四年级的时候获得上海市创新大赛一等奖，在五年级时又斩获首届中国学生好问题大赛特等奖。

学校领导始终是积极的推动者，并尽量为孩子们创造各种条件。面积虽不大，但精致漂亮的蝴蝶园已落成，超酷的"生灵之境"实验室已开放，还有"空中花园"等。孩子们是最终的受益者，因为他们拥有以更加多元化的角度去认识并探索世界的机会。每次踏进建青校园，我都会欣赏一下它四季变换的美景，我也始终相信，在这样美丽的校园里学习成长是一件特别美好的事。

遇见你们　遇见美丽

教育伙伴、牛禹博妈妈　崔珊

开放的教学理念和治学思路，让孩子们有幸能在青青蝴蝶园，守护美丽的蝴蝶，爱护他们和蝴蝶共同的家园。

在我有幸成为建青"教育伙伴"后，当我走进建青美丽的蝴蝶园，当我第一次走上讲台亲自给孩子们讲解关于蝴蝶的知识，关于蝴蝶，关于孩子，关于学校，我相关的一切认知都发生了改变。

作为家长，每一天当我们把孩子送进学校又接回家，我们总是带着期许地问："今天你在课堂上学什么了？"惭愧的是，通常我们只关心孩子在语文、数学和英语等课目上的表现。我们已经忘记大自然也是一间内容丰富的大教室，里面有着许许多多已知和未知的奥妙等待着孩子们去探索。蝴蝶园课程的前期准备过程中，专家妈妈的分享让我重新意识到自然的力量，也许只是放学路上的驻足，也许是周末公园的踏青，都可以让孩子学会在大自然中观察、思考、探索，去认知各种各样的植物及其他生物，去激发他们探索自我和自然的联系。这是我们作为父母忽略的重要一课。庆幸的是，建青不仅为孩子们开设了蝴蝶园课程，也给家长们创造了如此宝贵的机会和孩子们一起学习、成长。

面对如此难得的机会，如何备好这样一节关于蝴蝶的课程，其实一开始我有着各种顾虑。首先，如何科学地介绍蝴蝶的物种属性、生物特征、生活习性，然后再进一步讲述关于蝴蝶的各种知识，比如仿生学的应用、昆虫的拟态等，才能让孩子们顺利吸收呢？其次是课程设计，如何才能在课程中积极地和孩子们互动，引导他们组织自己的语言去描述眼中观察到的蝴蝶呢？如何让孩子们学会欣赏大自然赋予蝴蝶的美丽呢？看似简单的蝴蝶园课程，其实涵盖了科学、生物学、语文、美术等方方面面的知识。

当我真正站在讲台上，看到孩子们一个个眼睛睁得大大的，小手举得高高的，脸上写满了兴奋和好奇，在欢声笑语中积极投入，我所有的紧张和疑虑都瞬间烟消云散。孩子们知识面的广度和深度，让我深深佩服。有一个孩子拿到蝴蝶标本的奖品，下课时他用小手举着奖品，跑过来不停地跟我道谢，他脸上的获得感和满足感就是对我最大的肯定。

课程结束后，班主任老师还带孩子们下楼把所学应用到真正的蝴蝶园中。因为有了一定的知识积累，孩子们到了蝴蝶园七嘴八舌展开讨论，好不热闹，还一个个争先恐后地寻找着蝴蝶园里的各种秘密。开放的教学理念和治学思路，让孩子们有幸能在"青青蝴蝶园"，守护美丽的蝴蝶，爱护他们和蝴蝶共同的家园。

蝴蝶园课程对我来说，亦是一次成长，因为遇见孩子们，因为参与到孩子们的学习中，我才有幸更深入地感受到孩子成长的美丽。

展望未来，扬帆起航

教育伙伴、邵冰灵妈妈　唐雯珺

职业意识启蒙教育活动寓教于乐的形式，不仅丰富了孩子们的知识面，拓展了他们的眼界，更激发了他们的求知欲和探索欲。

作为"教育伙伴"，我有幸参加了一年级孩子们的航海博物馆游学。出发前，航海博物馆的专业讲解老师来学校为孩子们上了一堂生动的科普课，孩子们学习了轮船的相关知识，见识了航海的惊险和刺激。班主任徐老师还给孩子们讲述了"郑和航海"的故事。怀着满满的期待，大家来到中国航海博物馆。

走进博物馆，孩子们立即被一艘巨大的仿古木帆船所吸引。他们兴奋地登上了大宝船，看着眼前的庞然大物，纷纷讨论郑和七下西洋的航海情形。郑和七次下西洋，创造了世界航海史上的伟绩，孩子们都感到无比骄傲，纷纷表示以后也想成为科学家、航海家。潜移默化地让孩子们了解每个成功的人都有一个美好的梦想，只要坚持努力，美梦一定会成真，这或许是最好的职业意识启蒙教育。接着孩子们看到很多航海需要的工具，比如确定日出日落时刻的星盘、测定海平面与北极星夹角度数的象限仪等。在讲解员介绍时，孩子们听得格外认真，还频频提出疑问和自己的见解。有一个孩子甚至表示要造一个更厉害的、具备所有功能的万能工具！尽管只是天真的童言，但说不定这孩子将来真朝这方面发展呢！孩子拥有无限潜能，我们需要做的就是好好引导，让他们尽情地扬帆起航。

在这里，孩子们还看了古人最早用的筏子，有竹筏、木筏、羊皮筏；了解到古船也有眼睛（眼睛朝上看保佑商船一本万利，朝下看保佑渔船一帆风顺）；学习了橹和舵的区别（最早的船只有桨，后来慢慢衍生出掌握方向的舵和增加动力的橹）；掌握了理论知识，孩子们还亲手制作了手工古船，对于船的构造有了更深刻的了解。博物馆一行，孩子们收获丰厚。

学校开设的职业意识启蒙教育活动，通过寓教于乐的形式，丰富了孩子们的知识面，拓展了他们的眼界，更激发了他们的求知欲和探索欲，这种创新的教育模式是成功的。课堂上，孩子们接受知识的途径比较单一，很多时候都是被动地聆听老师讲解。来到博物馆，他们化被动为主动，由"让我学"变成"我想学、我要学"，对于新知识新事物投入了更多思考并努力尝试。现在的教育再也不是"学好数理化，走遍天下都不怕"，衡量一个孩子是不是全面发展，也不仅仅是看其有什么特长。拥有独立思考能力并且敢于实践、敢于创新，对一个孩子的成长来说至关重要。

第四节 学 生 感 言

财商让我学会爱

三（4）班　汪星怡

最近我真是开心，因为我有了自己的第一张银行卡！我把平时不用的零花钱存到银行，能得到很多的利息呢！

这是我从最爱的财商课学习到的。每节财商课的内容我都非常感兴趣。在课堂上我了解了货币的发展历史，我知道了人民币的奥秘以及它们的朋友，我还随着老师播放的视频学习如何购物做一个购物小达人，也知道了我平时花的钱都是爸爸妈妈辛苦赚来的，一定要好好珍惜，不能随便乱花钱。我还学会了记账，合理花钱，还把剩下的钱捐给需要帮助的人，传递爱心。

财商课不仅让我收获了知识，还让我懂得了钱不是万能的，很多东西用金钱买不到，比如友谊、爱以及快乐等。我一直坚持"爱心baobao"卖报纸活动，用卖报纸赚来的钱帮助偏远山区的孩子建立图书馆。当我收到他们的感谢明信片时，我感动地流下了眼泪。这也让我深深懂得了，捐款献爱心不仅能帮助别人，也会给自己带来更多快乐。这是用金钱买不到的。

"根与芽"教会我要与大自然和平共处

四（5）班　孙宥怡

三年前，学校开设了一门有趣的家校共育课程"根与芽"。我们亲爱的爸爸妈妈们走进课堂，手把手教我们关于自然、关于环保、关于科普的方方面面的知识，从中我们受益匪浅。

让我印象最深刻的还是我妈妈来上的一节关于蔓长春的自然笔记课。那时正值春季，校园里一片春意盎然，妈妈温和的声音响起，拉开这特别一课的序幕。"草在结它的种子，风在摇它的叶子。我们站着，不说话，就十分美好……"妈妈的声音犹如和煦的春风拂过心灵，让我们的心也变得温柔起来。接下来的时间里，我们欢快地奔跑在校园里，参加"夺宝奇兵"的游戏，在游戏中贴近自然，观察细节，发现谜底。这游戏的奖品更加有意思，就是可以亲手栽下象征着春天的蔓长春。

更多的时候，我们会静静地坐在课堂里，聆听爸爸妈妈给我们讲自然的故事，让我们知道大自然无私地为我们提供资源，我们也要尽力回报自然。大自然是美丽的，但也是脆弱的。记得我学过一篇课文叫作《一个小村庄的故事》，课文里的小村庄因为人们过度砍伐树木，导致水土流失，最终被洪水淹没。如果我们不去破坏自然环境，它就不会惩罚人类。是的，大自然是可爱的，但她也是伤痕累累的。油船翻覆，石油污染了蔚蓝的大海；过度渔猎，让曾经可以"踩着鳕鱼过海"的纽芬兰渔场成了书上的历史；随意排放污水，长江白鳍豚几乎绝迹；乱扔垃圾，可怜的小臭鼬脑袋伸进罐头里差点窒息；为了满足一些人的猎奇心理，最后一批大海雀在冰冷的北大西洋被赶尽杀绝……

难道人类不会内疚吗？我们如何能跟大自然和平共处呢？带着这样的问题，我们在每月一次的课程中思考、讨论和交流，慢慢懂得了保护大自然，其实可以从小事做起。不乱扔垃圾，做好垃圾分类，有利于它的回收利用；少开车，既锻炼身体，又减少尾气排放，还节省燃料；拒绝使用一次性筷子，消耗3 000双一次性筷子相当于砍伐一棵20年树龄的大树……

我们会牢牢记住，大自然只有一个，如果被我们破坏了，我们将别无去处。让我们通过学习"根与芽"课程，一起来保护自然吧！

和电信网络诈骗说拜拜
——五年级家校共育儿童安全教育课程

五（5）班 唐有之

我们小区布告栏里贴了许多"不要轻易向陌生人转账""电信诈骗常用手段"的宣传单，我原本很不以为然。直到有一天上海公民警校的教官来给我们上课，并讲了许多活生生的案例后，我有了新的看法。

教官说，随着网络科技越来越发达，诈骗手段也越来越多，要处处当心，保护好个人信息的安全，比如身份证号码、地址、电话号码、照片、上网密码等。教官还说，骗子们会伪装成民警、法官、亲人、朋友，一环扣一环，让我们难辨真假。我才发现，骗子的骗术层出不穷，不是我想象的那么容易辨别。老年人和我们这些未成年人一样，都是属于重点保护人群。我还记住了教官教给我们的——不要想着天上会白白掉馅饼，只要守住这一点，那些"你中了彩票头奖""你借我1 000，我还你1 500"之类的骗局，就骗不了我们了。

教官告诉我们，在"抖音"之类的视频网站上时常也会有一些虚假信息，让你在看视频时不知不觉就落入陷阱。联系我们的生活，"抖音"在同学们中间可红了，有的时候一看视频还上瘾，停不下来。听教官说了这么多背后的故事后，我觉得我们应该时刻保持警惕，千万不要让自己"抖音"成瘾。

合理使用网络，避开网络陷阱。来，让我们一起和电信网络诈骗说拜拜！

一次超级有用的演习
——五年级家校共育儿童安全教育课程

五（3）班　王睿迪

时光飞逝，转眼间已到了五年级。在这充满回忆的五年里，我上过许许多多的课程，其中最让我难忘的就是"家校共育"系列活动中的儿童安全教育课。

在这么多堂安全课中，我觉得四年级时的"隐藏"课程最有趣。那是一个周三的下午，我们开心地期盼着上海公民警校的叔叔阿姨们来教授我们新的安全本领。在热烈的掌声和欢呼后，一名教官大步走上讲台，微笑着问了我们一个问题："如果有歹徒闯进教学楼，你们第一步该怎么做？"听了教官叔叔的问题，原本吵闹的教室顿时鸦雀无声，同学们似乎都陷入了沉思。是啊，现在我们的生活太安逸了，都没有安全隐患意识。过了一会，陆陆续续有同学举手，有说拿水杯砸坏人的，有说逃跑的，还有人说直接赤手空拳与歹徒搏斗。教官叔叔摇摇头说："都不对。"这时，我想到了一个答案，举起了手但我又胆怯起来，不敢说了。教官叔叔似乎看出了我的犹豫不决，鼓励我起来发言。于是，我站了起来说："藏起来。"教官叔叔点点头说："没错。"然后，他还给了我一个小玩具作为奖励。我兴奋不已。

接着，教官叔叔又向我们讲解了怎样隐藏最不容易被发现。更让人兴奋不已的还在后面呢！在用语言讲解完PPT上的知识后，教官叔叔说："小朋友们，光用PPT学习是不够的，现在就让我们演习一下吧！"演习规则很简单，就是教官叔叔扮演歹徒，要来"伤害"我们，被教官选上的同学作为"守方"，要逃跑、隐藏、躲避。

演习开始了，首先被选上的"守方"要和"歹徒"，也就是"攻方"面对面。教官一声令下，"守方"立刻开始逃跑，边逃边想刚才教官教授的本领，把"歹徒"引到门外，然后立即用桌椅堵住门。但力大无穷的"歹徒"怎么会轻易放弃呢？他一次又一次地撞击前门和后门。其他观战的同学不断给"守方"加油打气，有的还跑到前门和后门，用尽全力，帮助"守方"堵门。终于，在大家的不懈努力下，"歹徒"终于放弃了进攻。

最后回到现实中，教官作了总结，称赞道："你们太厉害了！我在教室外面根本看不到你们藏在哪里，而且刚才我用了很大的力气都没有把门撞开，说明你们完全掌握了本堂课的知识。"随后，他还奖励我们每人一个小玩具。

这堂课真好玩！我不但学到了新知识、新本领，而且还参加了一次超级有用的演习。这是我上过的最有趣的一堂儿童安全教育课。

第五节 《旅途记录手册》之
"童梦万里路"

《旅途记录手册》之"童梦万里路"是由"家校共育建构

小学职业意识启蒙课程的行动研究"课题组、金融财商课程团队教师和"教育伙伴"，将职业启蒙课程和金融财商课程结合形成的"衍生品"。设计美观的旅行记录手册是指导孩子利用假期进行社会实践的记录册。它鼓励孩子"读万卷书，行万里路"，开启社会体验之旅；帮助孩子从社会实践中体验、加深对职业的认识和对社会的了解；让孩子通过亲手记录的方式，学会自我规划、自我管理，以更加深入地认识自己，从而达到职业启蒙课程中的"自我发展"这一目标。在记录的过程中，孩子也能观察、体验旅途中所接触到的各种职业，学会与不同的人交往，理解、包容他人，促进了他们的社会性发展。

孩子通过完成旅途记录手册，能将金融财商课所学知识运用于实际生活，树立正确的金钱观、人生观与价值观，掌握使用财富的智慧和能力，能够以更积极自信的心态面对未来。家长在孩子记录时，与他们沟通交流，加强了亲子之间的互动，增进了感情。老师在孩子完成记录手册后，引导他们交流分享，让他们学会沟通合作。

"童梦万里路"

HAPPY CHILDHOOD DREAM

旅途记录手册

同行人员

出游时间：

出游地点：

旅行笔记

出发前：

旅行中：

回归后：

身份证	○	牙刷	○
学生证	○	牙膏	○
护照	○	毛巾	○
现金	○	护肤品	○
车票	○	洗发水	○
手机	○	沐浴露	○
相机	○	防晒霜	○
充电器	○	书籍	○
遮阳伞	○	文具	○
湿巾	○	紧急联系人信息	○
纸巾	○	备用照片	○
风油精	○	记事本	○
藿香正气水	○	维生素	○
创可贴	○	紧急药物	○
晕车药	○		
眼药水	○		
衣裤	○		
内衣裤	○		
轻便运动休闲鞋	○		
拖鞋	○		
棉袜	○		
泳衣泳镜	○		
太阳帽	○		
小背包	○		

行李
清单

行程单

Day1

Day2

Day3

Day4

Day5

Day6

Day7

Day8

Day9

Day10

交通

大巴

开车时间：

到达时间：

出行要用到的交通工具有哪些呢？用线连接起来并记下相应的时间吧！

飞机

起飞时间：

到达时间：

高铁/火车

发车时间：

到达时间：

邮轮

开船时间：

到达时间：

自行车

旅行中的时差

北京时间

小朋友，现在北京时间是午夜12点，请把你的目的地的时间用指针画出来吧。

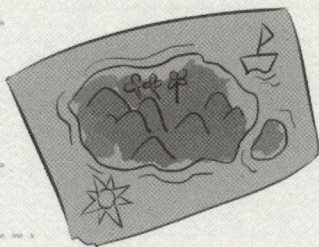

多看美景，不刻大名。

不留盘中餐，粒粒皆辛苦。

听

轻声细语在耳畔，学会倾听是美德。

最难忘的回忆

最美旅行合影（粘贴处）

文明出行，一路洁净。

最难忘的回忆

最美旅行合影（粘贴处）

我爱无痕旅行，让文明成为最美丽的风景线。

最难忘的回忆

此地最美丽的花瓣
（粘贴处）

游山游水游天下，爱国爱家讲文明。

最难忘的回忆

一花一木皆美景，一言一行要文明。

旅行中的启发

想

画出此地你最喜欢的东西吧！🐾

票据回忆

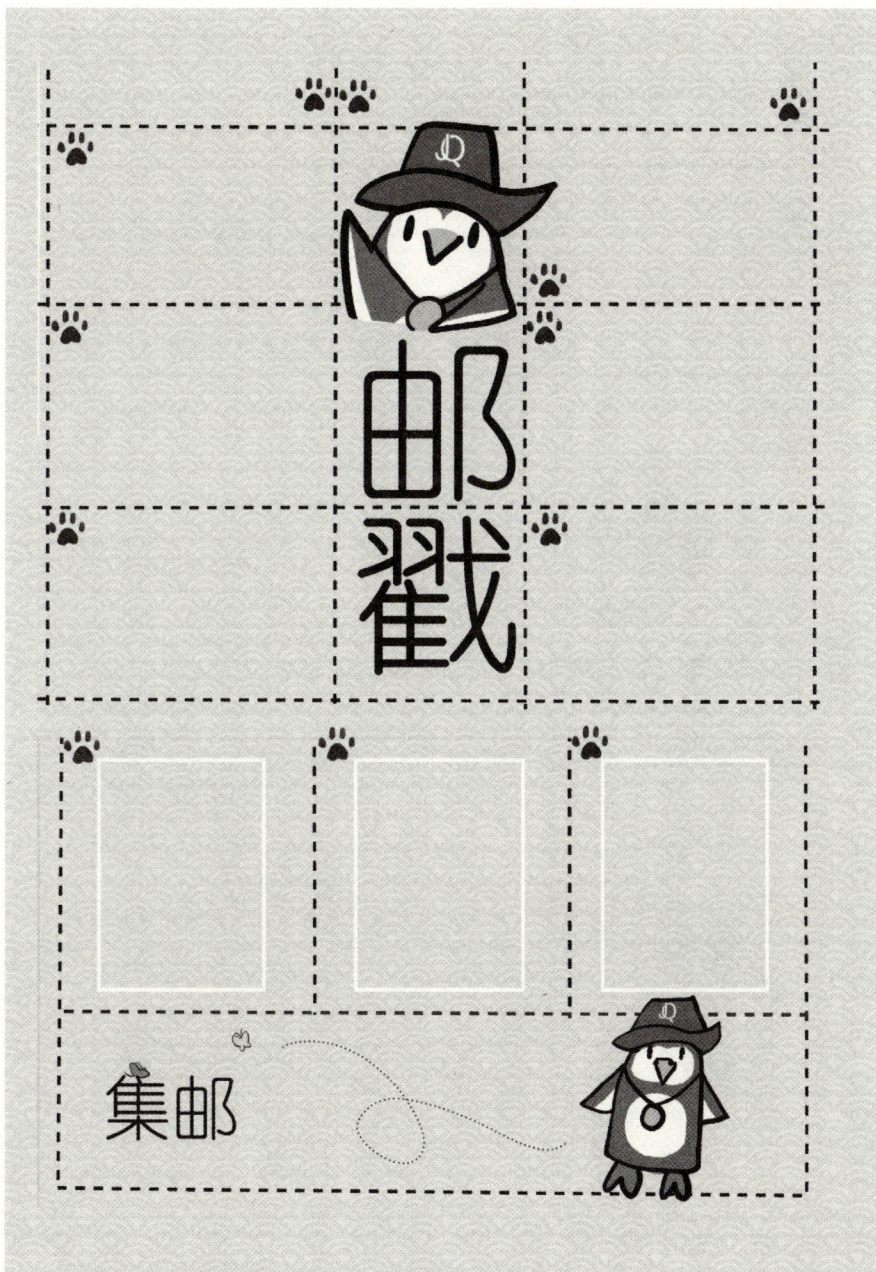

邮戳

集邮

明信片DIY

特色美食：_____
　　预算：¥_____

达人小工具：美团、大众点评、Tripadvisor。

吃

当地特色：_____
手信/纪念品：_____
预算：¥_____

购

●客栈/民宿
●星级酒店
费用小计：¥_____

住

酒店小达人tips：
1．客栈和民宿更具有当地特色。
2．星级酒店设施全，服务规范。

达人小工具：携程、
Booking、Airbnb、
酒店官网：

目的地
_____

游

景点安排：

▶景点1：_____¥_____
▶景点2：_____¥_____
▶景点3：_____¥_____
▶景点4：_____¥_____
▶景点5：_____¥_____
▶景点6：_____¥_____

娱乐体验：

体验1：_____
体验2：_____
体验3：_____
体验4：_____

费用小计：¥_____

省钱小达人tips：
1．儿童、老人会有优惠价。
2．家庭票也更优惠。
3．网上购票价格更优惠。

达人小工具：携程、Tripadvisor、
旅行社官网。

行

汽车　　　火车
轮船　　　飞机

费用小计：¥_____

省钱小达人tips：
1．一般往返票比单程票优惠。
2．关注是否对老人和儿童有特别优惠。
3．网上购票，提前购票更优惠。

达人小工具：携程、去哪儿、航空公司官网。

人生中宝贵的记录

参考文献

［1］彼得森，冈萨雷斯.职业咨询心理学：工作在人们生活中的作用［M］.时勘等译.北京：中国轻工业出版社，2007.

［2］赫尔等.终身之生涯辅导与咨商［M］.余鉴译.台北：编译馆，1999.

［3］吉斯伯斯，赫谱纳，约翰斯顿.职业生涯咨询：过程、技术及相关问题［M］.侯志瑾译.北京：高等教育出版社，2007.

［4］洪凤仪.一生的职业规划［M］.广州：南方日报出版社，2002.

［5］金树人.生涯咨询与辅导［M］.北京：高等教育出版社，2007.

［6］联合国教科文组织.变革我们的世界：2030年可持续发展议程［R］.https：//sustainabledevelopment.un.org/content/documents/94632030％20Agenda_Revised％20Chinese％20translation.pdf.2015.

［7］联合国教科文组织.教育促进实现可持续发展目标：学习目标［R］.https：//unesdoc.unesco.org/ark：/48223/pf0000247444_chi.2017.

［8］郑巧.小学生涯教育现状：问题及对策研究［D］.石家庄：

河北师范大学，2017.

［9］ 周羽全.我国台湾地区中小学生涯教育研究［D］.上海：上海师范大学，2011.

［10］ Archer C, Burnell A, Hughes DA. Helping Children to Build Self-Esteem: A Photocopiable Activities Book［M］. London: Jessica Kingsley Publishers, 2001.

［11］ ASCA, ASCA National Standards for Students — One Vision, One Voice［S］. The American School Counselor Association. http：// static.pdesas.org/content/documents/ASCA_National_Standards_ for_Students.pdf.2004.

［12］ Calhoun CC, Finch AV. Vocational Education：Concepts and Operations［M］. Belmont, California: Wadsworth, 1982.

［13］ Campbell CA, Dahir CA. The National Standards for School Counseling Programs［S］. American School Counselor Association Alexandria, 1997.

［14］ Coleman HLK, Yeh CJ. Handbook of School Counseling［M］. London: Routledge, 2011.

［15］ Dollarhide Colette T. Counseling for Meaning in Work and Life: AN Integrated Approach［J］. Journal of Humanistic Education & Development, 1997, 6(97).

［16］ Fong Margaret L. Considerations of a Counseling Pedagogy ［J］. Counselor Education & Supervision, 1998, 9(98).

［17］ Gies Vivian, Developing a Personal Career Counselling Theory: An Overview of the Theories of Donald Super and David Tiedman

［J］. Guidance & Counseling, 1990, 9(90).

［18］Handel L. Three Tips on Career Guidance Activities ［J］. Elementary School Guidance and Counseling, 1973, 7（4）, 290-291.

［19］Hughes PM, King E. Guidance and Counselling in Schools: A Response to Change ［M］. Oxford: Pergamon Press Ltd, 1971.

［20］Jesser DL. Career Education: A Priority of the Chief State School Officers ［M］. Salt Lake City: Olympus Publishing Co, 1976.

［21］Kelso JAS. Learning To Live Together: Promoting Social Harmony ［M］. Berlin: Springer, 2019.

［22］Kutnick P, Blatchford P. Effective Group Work in Primary School Classrooms ［M］. Berlin: Springer, 2014.

［23］National Career Development Association (NCDA). Career Counseling Competencies: Revised ［R］. http：//icdl.uncg.edu/ ab/051399-04. html.1997.

［24］Navin SL, Sears SJ. Parental Roles in Elementary Career Guidance ［J］. Elementary School Guidance and Counseling, 1980, 14, 269-277.

［25］Nelson MD. The School Counselor's Guide.Middle School Guidance Curriculum Activities ［M］. Oxford: Taylor & Francis Ltd, 2011.

［26］Niles Spencer G. Usher, Claire Hamilton. Applying the Career-development Assessment and Counseling Model to the Case of Rosie ［J］. Career Development Quarterly, 1993, 9(93).

[27] Parsons F. Choosing a Vocation [M]. Boston: Houghton Mifflin, 1909.

[28] Pollard A. The Social World of Pupil Career: Strategic Biographies Through Primary School [M]. Cassell: Bloomsbury Academic, 1999.

[29] Sultana RG. Review of Career Guidance Policies in 11 Acceding Candidate Countries: Synthesis Report [R]. European Training Foundation, 2003.

[30] Tracey S. Career Education in the Elementary School [D]. St. John's: Memorial University of Newfoundland, 2000.

[31] Trilling B, Fadel C.21st Century Skills: Learning for Life in Our Times [M]. New York: John Wiley & Sons, 2009.

[32] UNESCO. Learning To Do: Values for Learning and Working Together in a Globalized World [M]. Ottavva: UNEVOC Publications, 2006.

[33] Watts AG, Law B, Killeen J, Kidd JM, Hawthorn R. Rethinking Careers Education and Guidance: Theory, Policy and Practice [M]. London & NY: Routledge, 1996.

[34] Worzbyt JC. Elementary School Counseling: A Commitment to Caring and Community Building [M]. New York: Brunner-Routledge, 2003.

后　记

　　编著《共绘成长地图——家校共育建构小学职业意识启蒙课程的行动研究》一书，是建青实验学校的领导、教师、教育伙伴、学生在六年多综改实验、科研实践过程中产生的一个美好心愿！

　　2013年时，我们对小学生职业启蒙教育知之甚少，而国内小学生职业意识启蒙教育也是刚刚起步，研究缺少综合性、系统性。但我们意识到小学生正处于生涯发展的生长期，这是生涯发展的早期阶段，也是重要时期，于是我们设立了项目，申报了长宁区教育科研重点课题，努力进行深层次的实践研究与思考。一步一个脚印努力实践了多年后，"家校共育建构小学职业意识启蒙课程的行动研究"项目成长为孩子的终身学习与发展的基石，把在校学习、个人成长及社会体验有机地结合起来，成为为孩子们未来的发展奠基和播种的学习平台。

这一路走来不容易，但幸运的是，我们得到了很多领导、专家、老师、教育伙伴的肯定与支持，尤其是我校戴群校长的关心和指导。有着多年生涯教育研究和实践经验的潘敬芳校长，也给予我们大力的支持和专业的指导。

成书的过程更是对我们多年来进行实践和研究的认真总结和反思。半年后，当我们把第一稿交给华东师范大学刘德恩教授时，我们本以为刘教授只会作个别修正，结果从七万字的文稿删减修改为四万字不到的内容。随后的半年，我们在刘德恩教授的指导下，在长宁区教育学院教科室汪泠淞的支持下，共同讨论、分享相关的研究成果和实践经验，这一切让我们收获了很多。特别要感谢刘德恩教授在本书撰写和统稿中所作的大量工作。我们在此表示衷心的感谢！

为了孩子们的健康快乐成长，"教育伙伴"们从学校、家庭、社区等领域汇集而来，加入这项研究与实践。无论是家校共育课程的原创、引进，或是授课、管理，"教育伙伴"们都对课程的成长作出了重要贡献，让我们成为"和而不同，以人为本"的亲密和谐的大家庭！

最后，我们特别要感谢奋斗在一线老师们！老师们热情勤奋、精益求精、坚持不懈地以"学习为中心"为目标推进家校共育课程建设，不厌其烦地和"教育伙伴"们共同计划、组织、实施、评价、修订，以达到最终的课程目标，为孩子的智慧人生奠基。我们特别要感谢以下老师为图书的编写所付出的辛勤劳动：王昊、王春燕、田婷、朱铭焱、沙汎、沙倩、沈洁、陈瑶、李婷婷、吴婷婷、汪效、张雯、张漪蓓、范季铭、郑祯华、郑娴、姜艳、赵卓敏、洪华、洪可循、唐蕾、徐清、盛怡婷、程诗卉、童璐。

如果没有这些志同道合的伙伴们的支持，我们很难克服一个又一个困难和险阻，去探索实践未知的世界，这本书更是无法如期出版的。如果要把这些领导们、伙伴们的名字都写出来那将是很长的一段，即使这样也会挂一漏万。因此，我们要永不懈怠，努力学习，顺应孩子的身心发展规律开展教改实验，以此回报所有参与、支持这项工作的伙伴们，回报一线辛勤工作的教师们，并以此庆祝建青实验学校建校八十周年！

颜　洁

2019 年 3 月